Primera edición: diciembre de 2014

© Oriol Alonso Cano
© Ediciones Carena
c/ Alpens, 8
08014 Barcelona
Tel. 934 310 283
www.edicionescarena.com
info@edicionescarena.com
Diseño de cubierta: Cristina Alujas
Depósito legal: B 26130-2014
ISBN: 978-84-16054-52-7

ENCARNACIONES DEL CAPITALISMO

ORIOL ALONSO CANO

ÍNDICE

ACERCA DE SI TODAVÍA QUEDA MARGEN (Y CUÁL ES)

Plantea Oriol Alonso Cano en este libro una serie de cuestiones del más alto interés, y lo hace con el entusiasmo y la convicción con los que suele emprender todas las tareas que encara. Desfilan, a continuación, ante los ojos del lector, una serie de trabajos cuyo conjunto no solo posee una clara unidad, sino que su lectura fluye con naturalidad discursiva. Carecería de sentido, por supuesto, que intentara yo aquí glosar de uno en uno los diversos *papers* que componen el volumen. No solo porque el propio autor ya lo hace en su introducción sino, sobre todo, porque me agradaría aprovechar la oportunidad que la generosa invitación a escribir estas páginas me brinda para dialogar con él. Advirtiendo que el diálogo, en ocasiones, tendrá mucho de reafirmación de la coincidencia y, solo ocasionalmente, apuntará alguna discrepancia, del todo menor.

Me preguntaba, leyendo estas páginas, si no será la poderosa hegemonía alcanzada por el discurso legitimador del capitalismo en la que tanto insiste Alonso Cano lo que explicaría uno de los rasgos más llamativos del imaginario colectivo de nuestro tiempo. Me refiero al hecho de que la utopía —o, en general, cualquier proyecto con voluntad transformadora— haya adquirido una tonalidad nostálgico-melancólica, y que se aloje su contenido ya no en el futuro sino en el pasado. De ser esto cierto, la utopía habría quedado a nuestras espaldas, en el pretérito, a modo de Arcadia feliz irrecuperable.

No faltan ejemplos para ilustrar la sospecha. Así, quizá hoy el estado de bienestar que conocimos (no porque lo disfrutáramos plenamente, sino porque tuvimos constancia de que casi se había realizado por completo en otros lugares) haya pasado a constituir una utopía. En tal caso, algo en la arquitectura global de nuestras representaciones del mundo se habría visto sacudido. Tal vez ahora empecemos a percibir que la vieja utopía mantenía un vínculo nunca del todo explicitado con la idea de progreso. Hasta el punto que podría llegar a considerarse una versión exasperada del mismo, en la medida en que, como él, ubicaba en el futuro la realización de los sueños. La cuestión es que, si salta por los aires la expectativa del progreso, tiene perfecto sentido la reubicación de la utopía a la que estaríamos asistiendo.

No pretendo afirmar que este desplazamiento constituya una rigurosa novedad. Si pensamos en figuras como la del exiliado, veremos que encarna a la perfección esta idea según la cual quedó atrás, en el lugar que se abandonó, lo soñado. O también podríamos pensar en aquella reivindicación juvenil de hace pocos años, en la que parecía plantearse idéntica ubicación en el pasado de lo que se deseaba para el futuro. Me refiero al "¡Queremos vivir como nuestros padres!", coreado por tantos jóvenes en las calles de París a principios del 2011. Lo que en todo caso resulta significativo quizá no sea la novedad en cuanto tal, sino la variación que se ha producido en el mecanismo productor de nuestras expectativas. Ya no da la sensación de que rijan las palabras de Galeano ("¿Qué tal si deliramos un poquito?") para la elaboración de las utopías. No parece que hoy sea obvio, ni compartido, el convencimiento de que hay que liberar la imaginación para dar a luz nuevos proyectos, sino que, más bien al contrario, parece que la imaginación ha perdido la batalla, lo que habría dejado sin efecto la utilidad que el propio Galeano atribuía a la utopía, la cual, según él, "sirve para caminar". Hoy, con las únicas utopías con las que nos las hemos de ver es con esas pequeñas de mercado, paradigmáticamente expresadas en los eslóganes publicitarios de los coches de alta gama ("atrévete a vivir de otra forma", "nada es imposible", "eres libre para soñar", etcétera).

No se me escapa que lo de la "variación en el mecanismo productor de expectativas" acaso constituya una formulación un tanto abstrusa que también admitiría plantearse en términos un poco más sencillos, aludiendo al profundo cambio que se ha producido en nuestra manera de entender las relaciones entre lo posible y lo deseable. De lo primero, lo menos que se puede decir (en realidad, se viene diciendo como poco desde Günter Anders) es que se ha visto desdibujado por causa del desarrollo tecnológico. De ser cierto esto, no estaríamos ante una constatación menor ni muchísimo menos. Porque habría caducado (casi) definitivamente el viejo modelo de la utopía vinculada al conocimiento que, a su vez, permitía un mayor dominio sobre la naturaleza (dominio que ahora se habría convertido en el origen del grueso de nuestros males).

Se trataría, entonces, de ser capaces de plantearnos el otro término de la pareja conceptual, lo deseable, cuyo contenido está lejos de ser obvio y evidente por sí mismo. Es más que probable que si hiciéramos una encuesta de urgencia y preguntáramos a la gente cuál sería para ella el contenido de una nueva utopía adecuada a nuestro tiempo, la respuesta resultara enormemente decepcionante, en el sentido de que no estaría a la altura de la ambición que contiene pregunta. No resulta aventurado imaginar que nos encontráramos con un horizonte utópico de muy baja intensidad, con propuestas genéricas como las de una sociedad más justa, un mundo más libre, etcétera. En todo caso, nada *radicalmente otro*, que hubiera dicho el viejo Horkheimer, sino más bien una especie de reformismo utópico, con los viejos ideales apenas incrementados en grado.

Pues bien, tal vez por eso mismo, y ante las dificultades que tenemos para representarnos el futuro, el hecho de que pueda haber llegado el momento de volver la vista atrás adquiera un significado diferente, más rico del que señalábamos hace un momento (cuando solo nos temíamos que pudiera representar un burladero consolador). Acaso lo que ahora toque sea mirar ese pasado en el que no nos reconocemos, más que como extraño (y, por ello, desdeñable en la medida en que no tendría nada que ver con nosotros), como aquel *otro* que llegamos a dar por perdido, procediendo a buscar en sus tesoros los contenidos (para nosotros hoy) utópicos que necesitamos. Así, el nuevo horizonte utópico pasaría a ser el estado de bienestar, las libertades, la democracia (amenazada, según Wendy Brown y tantos otros, por el capitalismo), etc.

Mi pequeña discrepancia con Oriol Alonso Cano tendría que ver con este punto. Que el capitalismo no tiene el menor interés en facilitar la emergencia de paradigmas alternativos está fuera de toda duda. Que la ideología de una sociedad es la ideología de la clase dominante lo sabemos también desde Marx. Pero lo que algunos de los comentaristas recientes del autor de *El Capital* citados por el autor parecen olvidar (acaso por insuficiente conocimiento de las fuentes) es que esa afirmación no puede interpretarse en clave conspiratoria. La clase dominante no organiza el engaño social (que tiene que ver con la naturaleza del modo de producción capitalista, y más concretamente, con los mecanismos de extracción de plusvalía), lo que significa que ella misma está presa de esa ideología. Por eso tiene sentido hablar, utilizando un lenguaje de resonancias inequívocamente *althusserianas,* de lucha de clases en la ideología.

Si no se tiene en cuenta esto, se corre el peligro de acabar incurriendo en un maniqueísmo tosco, que carece de mecanismos teóricos para no acabar chapoteando en el culto a la personalidad, la demagogia más banal u otras actitudes análogas, tan a la orden del día (no es este el momento de abrir la caja de los truenos del debate sobre el populismo), y que tan poco están ayudando al surgimiento de un proyecto emancipador de nuevo cuño. Frente a esto, hay que atender las dimensiones de lo real que mejor nos permitan pensar la naturaleza de lo que ocurre y nos proporcionen las mejores herramientas para subvertirlo. Por un lado, disponemos de una clave: si la desigualdad continúa su tendencia actual, la lógica desigualitaria del capitalismo financiero acabará chocando con la lógica igualitaria de la democracia, como ha sido señalado por voces acreditadas.

Por otro lado, también están dadas las condiciones de posibilidad teóricas que nos permiten justificar discursivamente el giro al que hemos venido aludiendo. Dicho de forma muy resumida (entre otras cosas porque lo que sigue quedó anunciado): el camino que desemboca en el lugar en el que ahora estamos ha sido allanado precisamente por la crítica a la idea de progreso. En efecto, si no hay progreso y nada garantiza la bondad de nuestras decisiones, cabe la posibilidad de que nuestros antepasados se equivocaran y el pasado albergue mil tesoros sobre los que valdría la pena volver para ayudarnos a transitar hacia y en el futuro. En tanto que tal cosa exista, claro.

Manuel Cruz

Universitat de Barcelona

Barcelona, 30 de septiembre de 2014

INTRODUCCIÓN

A fines del 2008, con la irrupción pública del monstruo quimérico de la crisis económica, que todavía nos acecha por doquier en la actualidad, parecía que el capitalismo había alcanzado su paroxismo. Inclusive, se fraguaron cónclaves políticos con el fin *de reformular el sistema capitalista,* tal y como rezaba la proclama del expresidente francés Sarkozy. A lo largo de estos años, hasta aterrizar en el presente, muchas han sido las propuestas que han pretendido hacer frente a la hegemonía capitalista. El rebrote del marxismo, movimientos populistas de ultraderecha y ultraizquierda, neocatolicismos acérrimos, y demás paradigmas que tenían la finalidad de ofrecer al ciudadano un discurso alternativo en el mercadeo de las ideologías. Sin embargo, tal y como puede observarse si dirigimos la mirada en nuestro derredor, lejos de esfumarse, el sistema capitalista sigue estando presente y, contra lo que podría parecer a una mirada somera, funcionando a pleno rendimiento. Dicho en otros términos, la crisis que brotó en el 2008, allende destruir el capitalismo lo que ha hecho es fortalecerlo.

Ahora bien, ¿por qué el capitalismo sigue en pie y no se ha desplomado tras la virulencia de la intemperie?, ¿qué mecanismos hacen, siguiendo la socarrona pregunta de Žižek, que nos sea más fácil elucubrar la posibilidad del apocalipsis antes que un reajuste o una redirección de la lógica capitalista? Pues la respuesta a esta pregunta la tendrá el lector a lo largo de los seis ensayos que se presentarán a continuación y que estructuran este estudio.

En particular, el eje vertebrador de la obra, el hilo de Ariadna que la sustenta, no es otro que la siguiente tesis: el capitalismo se ha inoculado en la experiencia del individuo de tal forma que lo determina hasta sus entrañas: desde su forma de pensar, tal y como afirman Marcuse, Adorno y Žižek, hasta su forma de sentir (Illouz y Cruz nos salen a nuestro encuentro en sus estudios acerca de cómo el capitalismo modula y configura el amor), las leyes de la productividad, efectividad, eficiencia y de la primacía del valor de cambio tiñen la totalidad del sujeto.

Y es a la sazón de esta prerrogativa como deben leerse los seis capítulos que dan forma a esta investigación: en primer lugar, se analizará cómo la ideología se erige en el mecanismo más eficaz que tiene la dinámica social y, por ende, el sistema económico-productivo dominante, para reprimir y forjar a su antojo a los sujetos. La ideología es el veneno que el sistema inocula al ciudadano para convertirlo en reo de sus directrices.

Ulteriormente, en el segundo capítulo de la obra, se observará que el discurso capitalista, en tanto que vertebra la conciencia del individuo y, por ende, modula su experiencia para que se adecúe a sus mandatos, se va a erigir en una forma de legitimación acerca de la violencia y las víctimas. Expresado en otras palabras, con su dominio, el capitalismo es capaz de tejer un relato que determina quién es víctima y quién se escabulle de las garras de la violencia. Con ello lo que se determinará es cómo el capitalismo define procesos de victimización y, fruto de ello, obliga a implantar e implementar políticas (interesadas) que intenten gestionar los desagravios.

En tercer término, se tipificará como, a raíz del imperio de los valores capitalistas, la inveterada concepción del hogar, como fuente de estereotipia de roles y de estructuración del ámbito privado del individuo, cesará de tener efecto para pasar a determinarse, exclusivamente, por los criterios propios del valor de cambio. Con ello, como corolario de este predominio, la morada pasará a definirse como un espacio de paso, fugaz y de anonimato, equivalente a lo que el antropólogo francés Marc Augé designaba como *no lugar*.

Ulteriormente, se analizará cómo la disciplina científica también se halla impregnada de los parámetros capitalistas. La ciencia no puede esquivar el alud capitalista y, por ello, se ve afectada hasta sus entrañas por los criterios que transitan por lo exclusivamente cuantitativo, la necesidad de apostar por la productividad, pragmatismo y eficiencia. Por ese motivo, el análisis que efectúa el paradigma científico de todas sus temáticas tendrán, como zócalo, estos caracteres capitalistas.

El ocio en general y el viaje en particular son elementos que pasan a ser regulados por las políticas de los países y, por ende, por el sistema económico-productivo que impere. Por ello, en quinto lugar, se exhumarán los elementos capitalistas vertebradores de la industria turística coligiendo que, ni las propuestas turísticas que pretenden deslizarse de las garras del capitalismo pueden escaparse de su tentativa.

Finalmente, se analizará cómo el sistema capitalista vertebra un discurso ideológico que imposibilita la irrupción de las coordenadas de emergencia de paradigmas alternativos. Si el capitalismo vertebra la conciencia y experiencia de los individuos, tejerá una bruma que imposibilita concebir espacios ideológicos que vayan allende sus prerrogativas.

IDEOLOGÍA: INOCULACIÓN DEL VENENO CAPITALISTA

El fenómeno de la ideología se erige en uno de los mecanismos represores más eficaces de la lógica social. En cierta medida, lo ideológico siempre se ha considerado como uno de los ejemplos más diáfanos para mostrar el papel modulador y estructurador de la sociedad respecto al individuo. Su manera de pensar, de hablar, de percibir la realidad, pasa a ser efecto de la ideología y, por ende, de las directrices sociales imperantes.

Ahora bien, no siempre la realidad ideológica ha gozado de esta significación represora. En particular, y si nos dirigimos a los albores del concepto, observamos que la génesis del término debe ubicarse en el *sensismo* propio del materialismo francés del siglo XVIII (Gramsci, 1978). En particular, su significado originario hace referencia a la ciencia propia de las ideas y:

> *como el único medio reconocido y aplicado en la ciencia era el análisis, la expresión significaba "análisis de las ideas", o sea, "búsqueda del origen de las ideas". Las ideas tenían que descomponerse en sus "elementos" y estos no podían ser sino "sensaciones": las ideas derivan de las sensaciones.*

(Gramsci, 1978: 362)

Por consiguiente, originariamente, *ideología* designa el intento de abarcar la auténtica realidad que configura nuestro conocimiento. En tanto que nuestro pensamiento se constituye por ideas, y estas, según el materialismo francés, tienen una composición material, la ideología, como ciencia de las ideas, pretende tipificar los elementos materiales vertebradores de las ideas.

Sin embargo, a la sazón del materialismo histórico defendido por Marx y Engels, y continuado por Lenin y Gramsci, entre otros, el concepto pasa a tener una concepción absolutamente antagónica. Concretamente se erigirá el paradigma ideológico como el elemento falsificador que oculta el auténtico estado de la realidad, favoreciendo los intereses de una clase determinada (la burguesa, primordialmente). De modo que Marx adoptará el concepto del materialismo francés y le otorgará una nueva significación, de corte político-social, absolutamente contraria a la de su origen.

Ahora bien, con el desarrollo de planteamientos que continúan las tesis propugnadas por el materialismo histórico, como pueden ser los de la Escuela de Frankfurt (Benjamin, Marcuse, Adorno, Horkheimer…), el estructuralismo y postestructuralismo (Deleuze, Foucault, Derrida…), el concepto sufre modificaciones que hacen que el fenómeno goce de una multiplicidad significativa radical. Dicha pluralidad, que nos podría conducir a una cierta ambigüedad del concepto y, por ende, de la realidad del fenómeno, puede verse en las posibles significaciones que ha gozado el concepto, a saber:

> *proceso de producción de significados, signos y valores en la vida cotidiana; conjunto de ideas características de un grupo o clase social; ideas que permiten legitimar un poder político dominante; ideas falsas que contribuyen a legitimar un poder político dominante; comunicación sistemáticamente deformada; aquello que facilita una toma de posición ante un tema; tipo de pensamiento motivado por intereses sociales; pensamiento de la identidad; ilusión socialmente necesaria; unión de discurso y poder; medio por el que los agentes sociales dan sentido a su mundo, de manera consciente; conjunto de creencias orientadas a la acción; confusión de la realidad fenoménica y lingüística; cierre semiótico; medio indispensable en el que las personas expresan en su vida sus relaciones en una estructura social; proceso por el cual la vida social se convierte en una realidad natural.*

(Eagleton, 1997: 19-20).

Por consiguiente, el fenómeno ideológico parece designar una pluralidad de sentido que podría dificultar la tarea de determinar su poder para hacer referencia a una determinada realidad concreta. Empero, si analizamos detenidamente todas estas consideraciones, vemos un hilo común: la ideología hace referencia a ideas y creencias (falsas), que no derivan únicamente de los intereses de la clase dominante, sino "de la estructura material del conjunto de la sociedad" (Eagleton, 1997: 54). Lo ideológico se refiere, simplificando un tanto la cuestión, a la forma de pensamiento que impone el devenir social.

Si la ideología designa las ideas impuestas por la sociedad (capitalista), nos sale a nuestro encuentro la pregunta acerca de cómo se produce esta asimilación ideológica. Una de las posibles respuestas que podríamos ofrecer es la que nos aporta Festinger con su célebre concepción acerca de la *presión social*. Es decir, el desarrollo de la lógica capitalista se generaría a la sazón de la fuerza que ejerce a los miembros, que componen su sociedad, para que se acomoden a un mismo patrón. De esta manera, para poder otorgar certidumbre a los individuos, la lógica capitalista se encargaría de ejecutar una ingente presión para que se adecúen a la dinámica del sistema.

Consiguientemente, el capitalismo, merced a esta *coerción social* que materializa a sus miembros, se configura como el discurso imperante y como la verdadera realidad, carente de toda consideración crítica. La ideología capitalista se convierte en un elemento estructurador de la realidad social del sujeto, imposibilitándole cualquier prurito crítico (Marcuse, 2005). La razón de este hecho es evidente: si el individuo estructura su realidad desde los patrones capitalistas, y no puede elucubrar allende ellos, todo su potencial crítico estará imbuido de la lógica capitalista (Marcuse, 2005). Dicho en otros términos, gracias al discurso ideológico nos es imposible trascender la dinámica del capitalismo puesto que todo se halla atrapado bajo sus tentáculos.

Así, pues, si la ideología se establece como este mecanismo estructurador y vertebrador de la experiencia, en su acepción contemporánea observamos cómo podemos establecer que la ideología puede concebirse como una forma de cultura, tal y como la entiende la tradición histórico-cultural y el socioconstructivismo. Si observamos las tesis de Vygotski, Brunner y Schweder, la cultura se ubica en el centro de la realidad, materializándose la experiencia psicológica a la sazón de los patrones culturales. La cultura se erige en un elemento constitutivo y, por ende, condición de posibilidad de lo psicológico (ya que no es posible la experiencia psicológica si se adolece de falta de horizonte cultural), así como delimitante (puesto que la cultura ofrece los significados de la realidad para la subjetividad, mientras que esta desarrolla una determinada experiencia u otra, a la sazón de la significación que le atribuye a lo que acontece).

Consecuentemente, observamos un fenómeno que resulta muy interesante para con lo ideológico y que se va a erigir en el punto central del tránsito de la concepción moderna a la contemporánea de la ideología: Si para la concepción moderna, la cultura es ideología, en tanto que discurso absoluto que pretende ofrecer una determinada cosmovisión (falseada) de la realidad, para el planteamiento contemporáneo de ideología, en tanto que elemento estructurador y vertebrador de la experiencia del sujeto, se convierte en cultura.

Para observar esta mutación contemporánea del fenómeno ideológico, se abordará un lacónico recorrido por las concepciones de tres de los autores que se yerguen en puntos clave del desarrollo de la ideología. Con las propuestas de Marx y Engels, Althusser y Žižek, se observará como la ideología pasará de ser ese discurso omniabarcador (interesado y falsificador) de la realidad, a ser un elemento estructurador de la experiencia psicológica del sujeto.

El materialismo histórico: La falsa conciencia ideológica

Para el materialismo histórico, toda actividad subjetiva se enmarca en el seno del ejercicio ideológico de la sociedad. Dicho en otros términos, la individualidad se ubica en un discurso ideológico que se encargaría de representar de una forma falsa el auténtico devenir de lo real. Veamos de qué manera el materialismo histórico articula esta tesis que une la cultura con lo ideológico y, por ende, con una falsa representación de lo real.

Si dirigimos la mirada a los padres del materialismo, Marx y Engels, observamos su defensa de una concepción histórico-material del sujeto. El hombre, para nuestros autores, se diferencia de los animales no por su conciencia ni por la capacidad de generar articulaciones abstractas, sino más bien porque produce sus propios medios de vida (Marx y Engels, 1970). De esta manera, al producir sus medios vitales, genera, para ambos pensadores, su propia vida material de forma indirecta[1].

A su vez, la manera como los hombres producen sus medios vitales depende de la naturaleza misma de los medios de vida con que se encuentran los hombres. Este modo de producción es un determinado tipo de actividad de los sujetos. Por consiguiente, lo que los individuos son depende, en última instancia, de las condiciones materiales de su producción (Marx y Engels, 1970).

La producción abstracta de ideas, las manifestaciones culturales, así como las representaciones del sujeto, aparecen al principio

---

1 Esta concepción materialista del sujeto es deudora de la tesis de Feuerbach acerca de la constitución puramente corporal, material, de lo real. Solo la materia goza de un verdadero estatuto ontológico para el discurso feuerbachiano (Feuerbach, 2002). No obstante, dicho materialismo no era algo exclusivo de Feuerbach. Autores como Stirner (Stirner, 2004) defenderán tesis análogas en el contexto discursivo de Feuerbach (por no hablar del materialismo de Demócrito, de cuyo autor Marx realizó su tesis doctoral).

directamente entrelazadas con la actividad material de los mismos. Los hombres son los propios generadores de sus representaciones mentales y, en tanto que tal, se hallan determinadas y condicionadas por un determinado desarrollo de las fuerzas productivas. De esta forma, la conciencia se halla completamente determinada por la realidad en la que se halla circunscrito el sujeto. La cultura, al igual que la moral, religión, metafísica, filosofía y demás instancias que configuran el elemento superestructural de la realidad no tienen una historia propia y exclusiva, ni un desarrollo propio, sino que son los sujetos, que desarrollan su producción material y su intercambio, los que hacen variar sus pensamientos y conciencia. Dicho sucintamente, no es la conciencia la que determina la vida sino que, por el contrario, es la vida la que constituye la conciencia.

Si la producción intelectual se transforma con la producción material, entonces cabe colegir, siguiendo a nuestros autores, que "las ideas dominantes de una época siempre han sido las ideas de la clase dominante" (Marx y Engels, 1997: 32). Dicho en otras palabras, la clase que ejerce el poder material dominante en la sociedad en cuestión es, al mismo tiempo, su poder espiritual dominante, de manera que aquella clase social que tiene a su disposición los medios para la producción material dispondrá, con ello, simultáneamente, de los medios de producción espiritual. De modo que, si en la sociedad capitalista quien ostenta el poder de los modos de producción es la burguesía, el discurso dominante será el burgués-capitalista (división del trabajo-plusvalor-fetichismo de la mercancía), fomentando el desequilibrio estructural-social, la *lucha de clases* inherente en todo periodo histórico

Este hecho a lo que nos conduce es a una cuestión de ingente relevancia: si las ideas dominantes son las propias de las clases dominantes, ello significa que se va a producir una falsa representación de la realidad en favor de la representación de la realidad para el grupo social imperante. Expresado en otros términos, las ideas que desarrollarán los fuertes de la historia (Vattimo y Zabala, 2012) no serán otras que aquellas que garanticen su reproducción en el poder. En consecuencia se efectuará toda una falsa representación de lo real para poder acometer dicha finalidad. Es de esta manera como emerge el discurso superestructural de toda sociedad (cultura, dimensión jurídica, filosofía…): como un intento de ocultación del auténtico devenir (explotador) de lo real. En este contexto, la cultura es un mecanismo y dispositivo que posee el poder para poder garantizar su pervivencia en el eslabón más alto de lo social, erigiéndose en un elemento disuasorio y alucinógeno. La cultura, no lo escondamos más, en tanto que elemento ideológico, sirve a los intereses de la clase dominante.

De esta manera, la ideología se erige en una narrativa que pretende ofrecer una exposición de lo real que favorezca la perpetuación de la lucha de clases y, por ende, la explotación de una clase social por otra. Con el discurso del materialismo histórico clásico, que ulteriormente desarrollarán autores como Lenin y Gramsci (Gramsci, 1978), se establece lo que podríamos denominar la concepción moderna de ideología, en tanto que discurso omniabarcador que pretende legitimar un poder determinado, con independencia de los sujetos receptores de dicho discurso. Esta caracterización de la ideología como falsa representación de la realidad conlleva toda una serie de consecuencias y de posibles críticas (Eagleton, 1997). De todas ellas, vamos a destacar una: este discurso de la falsa representación de lo real nos conduce al siguiente argumento: si existe una falsa conciencia de lo real, que responde a unos intereses determinados, ello nos conduce al hecho de afirmar la existencia de un reducto no-ideológico, en el que podemos vislumbrar el auténtico funcionamiento de lo real. Para llegar a él, sería necesario un ejercicio deconstruccionista, entendiendo por tal ejercicio el propuesto por Derrida, que nos permitiría ir eliminando y explosionando las diferentes capas de sentido, impuestas por la clase dominante, hasta alcanzar un contexto libre de toda articulación ideológica. Dicho en otras palabras, la afirmación de un discurso (ideológico) dominante, para los materialistas clásicos y, por ende, para la concepción moderna de ideología, conlleva un espacio de *verdad absoluta*. Con lo cual, en última instancia, estamos cayendo en la ancestral imagen maniquea de una polaridad de poderes absolutos, con independencia del sujeto receptor de dichos poderes. Provocativamente expresado, con la concepción moderna de ideología no dejamos de salir de la *metanarrativa cristiana* que tanto pretendían aniquilar nuestros autores materialistas.

El problema estriba en que la ideología se convierte en un discurso absoluto, que se gesta en:

> *una teoría del conocimiento ingenua y desacreditada, aquella por la que algunos de nuestras ideas "encajan" o "corresponder a" la manera de ser de las cosas, mientras que otras no corresponden o encajan.*

(Eagleton, 1997: 30)

La ideología, en su acepción moderna, adolece de la referencia a la estructuración de la experiencia del sujeto que, en cierta manera, se erige en el receptor del discurso ideológico, al convertirse en un mecanismo superestructural, de carácter absolutista y que se gesta en una epistemología realista.

Althusser y los AIE: La ideología como forma especular

Se ha observado como para Marx y Engels la ideología no deja de ser la falsa representación de la realidad que materializa la clase dominante para, de esta manera, poder garantizar la perpetuación de su dominio. La cultura, en tanto que dispositivo ideológico, se yergue en una instancia aparente y engañosa, puesto que esconde los verdaderos hilos (de intereses privados de clase) que la sustentan y mueven.

Sin embargo, en este recorrido histórico que se está materializando de la ideología, para observar la contraposición entre la perspectiva moderna y contemporánea de la misma, la figura de Althusser se erige en el discurso conector entre ambas perspectivas, puesto que vehicula y articula la propuesta marxiana, desarrollándola hacia lo que será la visión propia de la posmodernidad.

Si dirigimos la atención al paradigma althusseriano, a diferencia de lo que en anterioridad observábamos de Marx y Engels, la ideología debe ser comprendida desde unos parámetros distintos. Veamos su dinámica explicativa. Al igual que lo estipulado por la propuesta marxiana, para nuestro autor no puede existir la producción si no es posible una reproducción de las condiciones materiales que posibilitan dicha producción. Expresado en otros términos, para que se perpetúe la lógica del sistema es esencial la reproducción de los medios de producción y, por ende, de la fuerza de trabajo.

Ahora bien, para poder llevar a cabo dicha reproducción, será esencial la intervención del Estado, en tanto en cuanto *aparato represivo*. De esta forma, siguiendo lo estipulado por Marx, Lenin y Bakunin:

> *el aparato de Estado, que define a este como fuerza de ejecución y de intervención represiva "al servicio de las clases dominantes", en la lucha de clases librada por la burguesía y sus aliados contra el proletariado, es realmente el Estado y define perfectamente su "función" fundamental.*

(Althusser, 1988: 19)

Es el Estado el que se halla en la encrucijada de servir a los intereses propios y exclusivos de la clase dominante. No obstante, para Althusser, esta visión del Estado, en tanto en cuanto *aparato represivo*, es propia de la perspectiva tradicional del materialismo histórico y del anarquismo y, además, se desarrolla exclusivamente en términos descriptivos. Sin embargo, el problema de esta visión es que es puramente descriptiva (lo cual no significa que sea falsa) y, para nuestro autor, la descriptividad es una etapa transitoria y necesaria para desarrollar una teoría fuerte acerca del auténtico devenir de lo real. La descripción, dicho en otras palabras, es el comienzo ineludible de la teoría pero que, en tanto que inicio, demanda una superación.

El Estado, para Althusser, solo tiene un sentido como *poder del Estado*. De esta manera, debe demarcarse el *aparato del Estado* del *poder del Estado*. Empero, nos podemos preguntar ahora cómo ejerce ese poder el Estado para que nuestro autor lo ubique en el centro de su exposición explicativa respecto a la fuerza ideológica. La respuesta radica en que ese poder se ejerce a la sazón de los *aparatos ideológicos de Estado*.

Concretamente, estos son "cierto número de realidades que se presentan al observador inmediato bajo la forma de instituciones distintas y especializadas" (Althusser, 1988: 24). En particular, el discurso althusseriano identifica un total de ocho, a saber: *AIE religioso, escolar, familiar, jurídico, político, sindical, de información y cultural*.

Una de las características fundamentales de los AIE es que se deben diferenciar radicalmente del *aparato (represivo) de Estado*, puesto que este último tiene un carácter exclusivamente público, y que, a su vez, funciona primordialmente "mediante la violencia" (Althusser, 1988: 26). Los AIE son una pluralidad represiva, que proceden del ámbito privado y que, aunque ejerzan violencia, esta actuación siempre será secundaria puesto que su mecanismo represor se guía primordialmente por la ideología. Dicho en otros términos, la diferencia entre ambas estriba en que los A(R)E funcionan masivamente a la sazón de la represión violenta, de forma dominante, y solo secundariamente con la ideología, mientras que, por el contrario, los AIE se articulan primordialmente con la ideología, y su represión (violenta) es secundaria y simbólica.

No obstante, debe destacarse que aquello que unifica esa pluralidad de AIE no deja de ser otra cosa que la *ideología dominante* de la clase dominante. Hay una pluralidad de AIE pero todos ellos llevan inscritos, en términos de Derrida, una *huella* primordial, que no es otra que la ideología que impone la clase que sustenta el poder.

Si se ahonda en la lógica de los AIE se observará cómo, para nuestro autor, en el capitalismo, el que impera es el AIE escolar. Y este es uno de los aspectos clave para observar este trasvase de la ideología moderna a la posmoderna, ya que la moderna se fundamentaba, principalmente, en la ideología diseminada por la Iglesia y la familia. Para el discurso althusseriano, la escuela:

> *toma a su cargo a los niños de todas las clases sociales desde el jardín de infantes, y desde el jardín de infantes les vincula —con nuevos y viejos métodos, durante muchos años, precisamente aquellos en los que el niño, atrapado entre el aparato de Estado-familia y el aparato de Estado-escuela, es más vulnerable— "habilidades" recubiertas por la ideología dominante (el idioma, el cálculo, la historia natural, las ciencias, la literatura) o, más directamente, la ideología dominante en estado puro (moral, instrucción cívica, filosofía).*

(Althusser, 1988: 36)

En el sistema educativo capitalista, en tanto que elemento vertebrador ideológico, se aprenden las capacidades y conveniencias *que debe observar todo agente de la división del trabajo, según el puesto que está "destinado" a ocupar: reglas de moral y de conciencia cívica y profesional, lo que significa en realidad reglas de respeto a la división social-técnica del trabajo y, en definitiva, reglas del orden establecido por la dominación de clase.*

(Althusser, 1988: 14)

Con todos aquellos que alcanzan la última etapa educativa, se les tiene garantizada una funcionalidad en el seno de la propia lógica sistemática capitalista: desde el semiocupado intelectual, hasta los agentes de represión y los profesionales de la ideología, pasando por los intelectuales del trabajo colectivo y los agentes de explotación[2]. Todos estos patrones también se inoculan a través de los otros AIE pero es la escuela, la formación académica, la que dispone de tantos años de audiencia obligatoria.

Sin embargo, la ideología que se está poniendo en circulación no es otra que:

[la] inculcación masiva de la ideología de la clase dominante, se reproduce gran parte de las relaciones de producción de una formación social capitalista, es decir, las relaciones de explotados a explotadores y de explotadores a explotados. Naturalmente, los mecanismos que producen este resultado [...] están recubiertos y disimulados por una ideología de la escuela universalmente reinante, pues esta es una de las formas esenciales de la ideología burguesa dominante: una ideología que representa la escuela como un medio neutro, desprovisto de ideología.

(Althusser, 1988: 38)

---

2 A su vez, cabe destacar que a cada grupo que acabamos de observar se le atribuye un rol determinado: *rol de explotado* (conciencia moral, cívica, profesional...), *rol de agente de la explotación* (saber mandar y hablar...), *rol de agente de la represión* (saber mandar y hacerse obedecer) y, en último término, *profesionales de la ideología*.

La ideología de la clase dominante es la que se dispersa y perpetúa. No obstante, hay que definir los términos y elementos que configuran la lógica de la ideología. Dicho en otros términos, debemos observar cómo Althusser caracteriza dicha ideología para poder ver en qué grado su introyección subjetiva, expresado en términos de Marcuse, es tan efectiva, por un lado, y, por el otro, cómo dicha noción se aleja de la concepción moderna-tradicional, puesta en circulación por el discurso del materialismo histórico.

En primer término, debe reseñarse que la ideología adolece de falta de historia. Y es en esta tesis en la que puede observarse los ecos del discurso del inconsciente de Freud y Lacan, ya que:

> *si es eterno no quiere decir trascendente a toda historia (temporal), sino omnipresente, transhistórico y, por lo tanto, inmutable en su forma en todo el transcurso de la historia, yo retomaré palabra por palabra la expresión de Freud y escribiré: la ideología es eterna, igual que el inconsciente, y agregaré que esta comparación me parece teóricamente justificada por el hecho de que la eternidad del inconsciente está en relación con la eternidad de la ideología en general.*

(Althusser, 1988: 42-43)

La ideología carece de historicidad debido a su carácter omniabarcador, es decir, por el hecho de impregnar cualquier reducto de la existencia del sujeto. En tanto que tal, está dotada de inmutabilidad.

En segundo lugar, para el paradigma althusseriano, la ideología no deja de ser otra cosa que la "relación imaginaria de los individuos con sus condiciones reales de existencia" (Althusser, 1988: 45). Dicho en otras palabras, nuestro autor coge las tesis lacanianas de la relación imaginaria con el mundo, del *fantasma,* para afirmar que no son sus condiciones materiales de existencia lo que los individuos se representan en tanto que ideología, sino que, por el contrario, aquello que se representa es ante todo "la relación que existe entre ellos y las condiciones de existencia" (Althusser, 1988: 45). Esta relación, para Althusser, es el nudo central de toda representación ideológica y, por ende, imaginaria, del mundo real. Es la naturaleza imaginaria de esa relación la que sostiene toda deformación imaginaria que puede observarse en la ideología. De modo que:

> *toda la ideología, en su deformación necesariamente imaginaria, no representa las relaciones de producción existentes (y las otras relaciones que de allí se derivan) sino ante todo la relación (imaginaria) de los individuos con las relaciones de producción y las relaciones que de ella resultan.*

(Althusser, 1988: 46)

Como tercer componente que caracteriza el fenómeno de la ideología para Althusser hallamos el hecho de que goza de una existencia material. Es decir, lo ideológico hace referencia a actos insertos en prácticas específicas de los sujetos. De esta manera, esas ideas son actos materiales que se encuentran incorporados en prácticas materiales, reguladas por materiales definidos que, a su vez, proceden del aparato ideológico material. Así, pues:

> *la ideología existe en un aparato ideológico material que prescribe prácticas materiales reguladas por un ritual material, prácticas estas que existen en los actos materiales de un sujeto que actúa con toda conciencia según su creencia.*
> (Althusser, 1988: 50)

En cuarto término, observamos la tesis central de la ideología, según las propias palabras de nuestro autor: "la ideología interpela a los individuos como sujetos" (Althusser, 1988: 52). Solo existe ideología para los sujetos concretos y, a su vez, ese destino de la ideología únicamente es posible por el sujeto. La categoría de *sujeto* es constitutiva de toda ideología. Ahora bien, se erige en constitutiva en tanto que toda ideología tiene por función primordial la constitución de los individuos concretos como sujetos[3]. Por consiguiente:

> *el funcionamiento de toda ideología existe en ese juego de doble constitución, ya que la ideología no es nada más que su funcionamiento en las formas materiales de la existencia de ese funcionamiento.*

(Althusser, 1988: 25)

Es propio de la ideología imponer (sin parecerlo) las evidencias que estipula su discurso ideológico como evidencias que no pueden cesarse de reconocer. De ahí que la ideología tenga dos funciones primordiales: por un lado, el reconocimiento y, por el otro, el desconocimiento. Todos los individuos que configuran una sociedad son interpelados como sujetos que, como tales, efectúan prácticas rituales de reconocimiento ideológico que, asimismo, garantizan su existencia en tanto que sujetos concretos. De manera que "la escri-

---

3 En este punto es necesario realizar la distinción entre individuos concretos y sujetos para Althusser. La ideología se encarga de transformar a los individuos concretos en sujetos mediante la interpelación ideológica. En relación a este hecho, "los individuos son siempre-ya interpelados por la ideología como sujetos; lo cual necesariamente nos lleva a una última proposición: los individuos son siempre-ya sujetos. Por lo tanto, los individuos son 'abstractos' respecto de los sujetos que ellos mismos son siempre-ya" (Althusser, 1988: 57).

tura a la cual yo procedo actualmente y lectura a la cual ustedes se dedican actualmente son, también ellas desde este punto de vista, rituales de reconocimiento ideológico" (Althusser, 1988: 54).

Este último aspecto de la interpelación de la ideología al individuo nos conduce a la célebre concepción de Lacan de la fase especular del sujeto. Para Althusser, toda ideología posee una estructura especular puesto que se ubica en el centro e interpela a la totalidad de individuos, como sujetos, en una doble relación especular: somete a los sujetos y les da la posibilidad de que puedan contemplar su propia imagen.

Consecuentemente, esta estructura especular podría dividirse, a su vez, en cuatro puntos, a saber:

•Interpelación de los individuos como sujetos.

•Sujeción a la ideología.

•Reconocimiento mutuo entre sujeto e ideología, entre sujetos mismos y reconocimiento del sujeto por él mismo.

•Garantía absoluta de que todo está bien como está y de que, con la condición de que los sujetos reconocen lo que son y se conduzcan en consecuencia, todo irá bien.

Tomados a partir de esta cuádruple interpelación, los sujetos pueden marchar solos en la inmensa mayoría de los casos. Únicamente los malos sujetos, los anormales, empleando terminología foucaulteana, son los que se desvían de la norma y provocan la intervención ocasional de tal o cual dispositivo del aparato (represivo) de Estado. Dicho en otros términos, el individuo es interpelado ideológicamente como sujeto para que se someta libremente a las órdenes del Sujeto (capitalista), por lo tanto, para que acepte (libremente) su sujeción y, por ende, para que cumpla solo los gestos y actos de su sujeción. En términos de Althusser, "no hay sujetos sino por y para su sujeción. Por eso 'marchan solos'" (Althusser, 1988: 63). No obstante, debe recordarse que la realidad intrínseca de este mecanismo no deja de ser otra cosa que la reproducción de las relaciones de producción y las relaciones que de ella proceden.

De esta manera, observamos cómo el discurso althusseriano vira la concepción materialista de la ideología y la ubica en un plano puramente de reestructuración perceptiva del sujeto. Lo ideológico no es un discurso (falso) de una clase que interesa perpetuar su poder, solamente, sino que es una interpelación de los individuos para ser sujetos y, por ende, mecanismos sujetados al sistema. La ideología pasa a ser el aparato configurador de la experiencia de la subjetividad convirtiéndolo, en palabras de Foucault, en un *sujeto sujetado*.

S. Žižek y el espectro de la ideología

Si para Althusser, la ideología se encargaría de estructurar la forma de generar experiencia del individuo y, por ende, convertirlo en una pieza funcional del sistema capitalista, Žižek incidirá y desarrollará este aspecto vertebrador. La ideología (capitalista) es tan fuerte que ha conseguido articular la experiencia del sujeto de tal forma que:

> *parece más fácil imaginar el "fin del mundo" que un cambio mucho más modesto en el modo de producción, como si el capitalismo liberal fuera lo "real" que de algún modo sobrevivirá, incluso bajo una catástrofe ecológica global.*

(Žižek, 2004: 7)

Esta constatación, que puede observarse sin ambages en la proliferación de filmes, novelas, relatos apocalípticos, nos conduce a la afirmación de la existencia de la ideología en tanto que matriz generativa que determina la relación entre lo imaginable y lo inimaginable, así como los cambios que se producen en esa relación. El problema de la ideología, según el pensador esloveno, estriba en su carácter ambiguo y elusivo al poder:

> *designar cualquier cosa, desde una actitud contemplativa que desconoce su dependencia de la realidad social hasta un conjunto de creencias orientadas a la acción, desde el medio indispensable en el que los individuos viven sus relaciones con una estructura social hasta las ideas falsas que legitiman un poder político dominante. Parecería surgir justamente cuando intentamos evitarla, mientras que no aparece cuando es claramente esperable.*
>
> (Žižek, 2004: 10)

Debido a ese carácter dúctil del fenómeno, no es de extrañar el ingente número de críticas que ha concitado (Eagleton, 1997), sin embargo, la crítica a la ideología, en tanto que presupone y remite a un lugar privilegiado que se exime de lo ideológico, no se escabulle de la lógica de la ideología, como se observó en anterioridad. De modo que, puede aseverarse sin ambages que "cuando se denuncia un procedimiento como 'ideológico por excelencia', podemos estar seguros de que su inversión no es menos ideológica" (Žižek, 2004: 10).

Rechazando toda crítica a la ideológica, al considerarla estéril puesto que se encuadra en el seno de aquello que pretende invertir, Žižek establece que toda noción de ideología debe desvincularse de la lógica representacional. De manera que todo elemento ideológico se aleja inexorablemente de cualquier concepción ilusoria, y de una representación errónea, distorsionada de su contenido social. Una ideología no tiene por qué ser falsa ya que:

en cuanto a su contenido positivo, puede ser "cierta", bastante precisa, puesto que lo que realmente importa no es el contenido afirmado como tal, sino el modo como este contenido se relaciona con la posición subjetiva supuesta por su propio proceso de enunciación.

(Žižek, 2004: 15)

En este punto, Žižek recoge lo estipulado por Althusser en el sentido que lo ideológico tiene sentido en tanto que elemento imaginario que constituye al sujeto como tal. La ideología, vista desde esta óptica, es funcional respecto a alguna relación de dominación y, en este sentido, la lógica misma de la legitimación de la relación de dominación, debe permanecer oculta para tener una determinada efectividad. El poder, dicho en otros términos, se ejerce en el inconsciente.

Ahora bien, para observar esta legitimación del discurso ideológico, Žižek establecerá una reconstrucción hegeliana lógico-narrativa, en la que se analizará en qué medida aquello que se yergue como *teórico no-ideológico* se transforma en *ideología* (de cómo el ademán de alejarse de todo aquello que constituye lo ideológico nos conduce a su interior).

En primer lugar, se advierte la *ideología en sí* que haría referencia a las doctrinas, conjunto de creencias, conceptos y demás instancias que tienen la finalidad de convencer de su propia verdad y que, a su vez, se hallan al servicio de algún interés (desconocido) determinado. Acudiendo a las tesis de M. Pêcheux, la cuestión, en este punto, estriba en los mecanismos discursivos que generan una evidencia de sentido. Una certeza manifiesta, una concepción de que las cosas hablan por sí mismas. Sin embargo, este elemento es puro engaño puesto que los hechos nunca hablan por sí mismos sino que es la red de dispositivos discursivos la que los hacen hablar. Apelando a Barthes, la ideología se erige, en este estrato, en la naturalización del orden simbólico, la reificación de los resultados de los elementos y prácticas discursivas en propiedades de la cosa en sí. Dicho en otros términos, a lo que nos conducen todas estas consideraciones, respecto este primer punto, es que la ideología se constituye en una serie de prácticas discursivas que pretenden establecer una determinada realidad (no discursiva).

En segundo lugar, se observa la *ideología para sí* que haría referencia a la exteriorización de la ideología. Es decir, en este punto nuestro autor acoge las tesis de Althusser y estipula la necesidad de los AIE que se encargarían de designar la existencia material de lo ideológico en prácticas ideológicas, rituales e instituciones. De esta manera, el discurso materializado debe difundirse y, para tal menester, es esencial los AIE.

Finalmente, y como tercer elemento constitutivo de la ideologización de lo no-ideológico, es que la exteriorización de los AIE produce:

> *[la] desintegración, la autolimitación y la autodispersión de la noción de ideología. La ideología ya no se concibe como un mecanismo homogéneo que garantiza la reproducción social.*

(Žižek, 2004: 23)

Esta dispersión de lo ideológico es algo constitutivamente posmoderno y puede observarse diáfanamente en la proliferación de los *mass media* en el capitalismo tardío. Con ellos, la ideología parece que puede inculcarse hasta en el último reducto de porosidad social. Sin embargo, y de una forma aparente, los sujetos parecen actuar de manera independiente de sus creencias e ideologías y sostenerse por criterios y elementos económicos. Empero esta situación es pura apariencia puesto que no se es capaz de escaparse de la lógica de la ideología. Lo que hay, según Žižek, es el *para sí* que actúa en el *en sí*, o, dicho en otras palabras, lo que se produce es:

> *[la] elusiva red de actitudes y presupuestos implícitos, cuasi "espontáneos", que constituyen un momento irreductible de la reproducción de las prácticas "no ideológicas" (económicos, legales, políticas, sexuales...).*

(Žižek, 2004: 24)

Este desarrollo que establece Žižek no conduce a una situación omniabarcadora de la ideología. Es decir:

> *la ideología no es todo; es posible suponer una posición que no nos permita mantener una distancia con respecto a ella, pero este lugar desde el que se puede denunciar la ideología debe permanecer vacío, no puede ser ocupado por ninguna realidad definida positivamente. En el momento en que caemos en esa tentación, volvemos a la ideología.*

(Žižek, 2004: 26)

Esta consideración nos sitúa en el hecho de afirmar la existencia de un reducto no ideológico, pero que, en tanto que tal, no puede ser identificado con ninguna facticidad. En el momento en el que esa ubicación sea ocupada, el elemento ocupante convertirá, *ipso facto*, ese espacio como ideológico. Apelando a ciertas tesis de Merleau-Ponty y su noción de *horizonte*, si queremos hablar de espacios no ideológicos deberemos olvidarnos de representarlo de una forma positiva y objetiva, para pasar a definirlo en términos diacríticos.

Por ese motivo, Žižek afirma que toda ideología, si se define como tal, lo hace siempre a la sazón de su demarcación para con otra ideología. Expresado en otros términos, el diacriticismo se observa en el momento en que:

> *un individuo sometido a la ideología nunca puede decir por sí mismo "Estoy en la ideología", siempre necesita otro corpus de doxa para poder distinguir de ella su propia posición verdadera.*

(Žižek, 2004: 29)

Analizada de esta forma diacrítica la lógica de la ideología, nuestro autor apunta el último bastión de combate para todos aquellos que se erigen en elementos constitutivos de lo ideológico. Considerar un núcleo preideológico, una matriz formal, sobre la que se imprimen diversas formaciones ideológicas, "en el hecho de que no hay realidad sin el espectro, de que el círculo de la realidad se puede cerrar solo por medio de su misterioso complemento espectral" (Žižek, 2004: 31). Para solventar esta problemática, debemos recurrir a Lacan y su definición de lo espectral. Para el discurso lacaniano, la facticidad, la realidad, nunca se erige en la *cosa en sí*, al igual que estableció ya Kant en su *Kritik der reinen Vernunft*, puesto que siempre esta simbolizada, dotada de una determinada estructura, dada por toda una serie de mecanismos simbólicos. El problema, para Lacan y Žižek, es que dicha simbolización de lo real siempre se halla abocada al fracaso puesto que nunca logra cubrir de un modo completo lo real. Dicho en otras palabras, siempre hay una deuda simbólica pendiente irredenta. Pues bien, este elemento de lo real, que resta sin simbolización, aparece bajo la forma de apariciones espectrales (Žižek, 2004: 31). Es decir:

la realidad nunca es directamente "ella misma", se presenta solo a través de su simbolización incompleta/fracasada y las apariciones espectrales emergen en esta misma brecha que separa para siempre la realidad de lo real, y a causa de la cual la realidad tiene el carácter de una ficción (simbólica): el espectro le da cuerpo a lo que escapa de la realidad (simbólicamente estructurada).

(Žižek, 2004: 31)

Por consiguiente, el núcleo preideológico que se apunta se encargaría de erigirse en esa aparición espectral que llenaría el hueco que existe por la simbolización incompleta de lo real. Sin embargo, este espectro oculta algo que no puede ser representado simbólicamente. Expresado en otros términos, el núcleo preideológico, en tanto que realidad espectral, se encarga de velar ese elemento no representable de lo real y que se yergue en el punto de fuga ideológico. Expuesto de una forma lacaniana, lo que el espectro oculta no es la realidad en sí misma, sino aquello que es *primordialmente reprimido* en ella, el X irrepresentable sobre cuya *represión* se gesta la realidad.

Existe un contexto en el que lo ideológico no puede ocupar su espacio, sin embargo la tematización simbólica de dicha región se erige en una empresa imposible. En el momento en el que se intenta conceptualizar, pasa a tener un estatuto ontológico de ideológico. Ahora bien, este elemento *primordialmente reprimido* no deja de ser otra cosa que la *lucha de clases*. Es el antagonismo el que mueve todo el aparato ideológico y lo constituye como una modificación de la manera que tiene el sujeto de experienciar la realidad.

Un ejemplo diáfano de esta estructuración experiencial lo encontramos en la autoproclamación de la clase media como tal, a saber:

> *la misma distorsión es discernible en el hecho de que, en la actualidad, la única clase que en su autopercepción subjetiva se concibe explícitamente y se presenta como clase es la clase media, precisamente la "no-clase": los estratos medios de la sociedad, supuestamente trabajadores e industriosos, que no solo se definen por su adhesión a normas morales y religiosas firmes, sino también por una doble oposición a ambos extremos del espacio social: las opulentas corporaciones desarraigadas, no patrióticas, por un lado, y por el otro los inmigrantes pobres excluidos y los habitantes de guetos.*

(Žižek, 2011: 200-201)

En su existencia *real* la clase media es la "mentira encarnada" (Žižek, 2011: 201), la negación propia del antagonismo estructural de clase. Es un *fetiche*, entendido en términos psicoanalíticos, que se presenta como el zócalo común y neutral de la sociedad, 'es la forma misma de la renegación del hecho de que "la sociedad no existe"' (Žižek, 2011: 201). La noción de clase media se convierte en uno de los elementos clave para entender el papel que ejerce la ideología por lo que concierne a su poder vertebrador de la experiencia del sujeto. Su fuerza estriba precisamente en constituirse en un mecanismo que se encarga de articular perceptivamente la existencia de los individuos.

De esta manera, Žižek retoma las tesis de Althusser, articulándolas y desarrollándolas hasta el extremo de definir lo que podríamos denominar una de las concepciones más relevantes de la posmodernidad ideológica: como mecanismo estructurador de la experiencia del sujeto. Ya no es un simple artilugio que emplea la clase dominante para perpetuar su poder, sino que es un elemento que regula y determina la experiencia de los sujetos para convertirlos en meros elementos funcionales de la lógica del sistema capitalista. Si para el discurso del materialismo histórico, clásico y que la investigación ha designado como *moderno*, el objetivo no es otro que apelar a una instancia superestructural y, por ende, tejida de elementos culturales, jurídicos y demás, que se encargaría de velar la auténtica infraestructura de la sociedad (que no es otra que el modo de producción capitalista), la noción posmoderna apela a la noción de subjetividad y de la forma en la que el discurso ideológico se encarga de configurar la constelación perceptiva de este, transformándolo en un súbdito de la lógica sistémica.

G. Vattimo: Posible salida de lo ideológico

La ideología se erige, tal y como se ha podido observar con anterioridad con las tesis de Žižek, en un elemento estructurador de la conciencia del sujeto. En cierta manera, lo ideológico se erige en aquella instancia que configura la realidad social de una determinada manera y, a su vez, deforma la experiencia de la subjetividad para que pueda encajar a la perfección en dicha estructura. Sin embargo, esta perspectiva hegemónica de la realidad ideológica y, por ende, de lo social-capitalista será problematizada por toda una serie de autores que intentarán ver esa relación entre sujeto y orden social desde una perspectiva diferente. En otros términos, para estos autores, el vínculo que se establece entre ambas instancias debe ser considerado, por un lado, desde un punto de vista bidireccional y, por otro lado, empleando términos de Austin, de manera *performativa*.

Ya los propios autores que defienden el determinismo ideológico han planteado que los dictámenes sociales son instancias dúctiles y que, cuando empiezan a anquilosarse o entran en conflicto con otras influencias, mutarán. Es decir, la sociedad no es un ente estable, inmutable, sino que su ideología, funcionamiento y demás elementos que la vertebran varían. De ahí que pueda hablarse de un carácter *performativo*, dinámico, líquido, *débil* de la sociedad.

Para apreciar esta *sociedad débil* dirijamos la atención al maestro del pensamiento débil, Gianni Vattimo. El pensamiento débil debe observarse como una mezcla, contaminación, del nihilismo de Nietzsche y la ontología de Heidegger, defendiendo la ausencia de todo fundamento último de la realidad (Vattimo, 2013: 147). Expresado en otros términos:

> el *"pensamiento débil"* añade únicamente que, para presentarse como una descripción metafísico-objetiva de la ausencia de fundamentos, la desvalorización y la ausencia de fundamentos solo puede pensarse como un proceso histórico en el que nosotros mismos estamos implicados. No *"existe"* la ausencia de fundamento; acontece una *"desvalorización"*.

(Vattimo, 2013: 148)

Veamos cómo Vattimo articula su perspectiva del *pensiero debole* con los elementos que configuran el orden social-capitalista. Siguiendo la doctrina de Nietzsche, el presente se caracteriza, en primer término, como decadencia. Este fenómeno debe ser entendido desde la perspectiva de que en la actualidad, en la realidad social, impera el silencio, la falta de movimiento, de búsqueda de emancipación... No hay una coherencia entre realidad individual (inseguridad, precariedad...) y su respuesta ante la sociedad en la que se inscribe (ninguna manifestación radical y emancipadora). De ahí que el individuo adopte diferentes roles y, por consiguiente, *disfraces*. El disfraz no deja de ser un hecho que nace de la inseguridad propia de la decadencia de lo contemporáneo. Dicho en otras palabras, la lógica que hay tras el disfraz no es otra que la de la angustia que genera la inseguridad individual. Por ello:

el disfraz es algo que no pertenece por naturaleza, sino que se asume delibera-
damente en consideración de algún fin, impelidos por alguna necesidad. En el
hombre moderno, el disfraz es asumido para combatir un estado de temor y de
debilidad [...]. Esta incapacidad es miedo a asumir responsabilidades históricas
en primera persona, inseguridad de las propias decisiones.

(Vattimo, 2003: 31)

Por consiguiente, la ficción propia que acarrea el disfraz y, por ende, los roles sociales que ejecutamos en la realidad social, no deja de ser un mecanismo de defensa del sujeto para intentar eludir sus responsabilidades individuales. El individuo tiene angustia de decidir por él mismo, necesita toda una serie de preceptos que le impongan una determinada manera de obrar. Por ese motivo, asumiendo un determinado rol, y por ende, articulando toda una serie de funciones integradas en ese papel social, el sujeto es eximido de actuar siguiendo sus propias directrices.

El problema que hay en el fondo, temática estrictamente nietzscheana, es si se es capaz de pensar en alguna decisión o acción histórica que realmente sea capaz de introducir algo nuevo en la realidad histórico-social. Expresado en otras palabras, la pregunta crucial es si podemos tomar y emprender decisiones y actos que sean capaces de cortocircuitar el curso de acción establecido para germinar uno completamente nuevo.

Y esta cuestión es fundamental, dado el mundo social burocratizado, administrado y racionalizado, propio de la sociedad capitalista. En dicho ordenamiento social, la razón pragmática y utilitaria es la que define, por un lado, el sistema de roles-disfraces-máscaras, y, por otro lado, proporciona las condiciones subjetivas al individuo para que asuma plenamente esas instrucciones sociales. El orden social intenta vertebrar toda una serie de respuestas en el individuo para que, de esta manera, actúe adecuándose a sus imperativos. Inclusive el instinto del sujeto no es capaz de escabullirse de esta estructuración social ya que:

> *es la supervivencia en nosotros de prescripciones y normas sociales muy antiguas y ya consolidadas, que pueden ser aún válidas, pero también pueden entrar en conflicto con exigencias y prescripciones más recientes.*

(Vattimo, 2003: 163)

Por ese motivo, la realidad instintiva del sujeto es el lugar en el que se abre, en primer término, una pequeña fractura entre los determinantes sociales y los anhelos del sujeto. Aunque el instinto esté prefigurado socialmente, puede entrar en contradicción con los nuevos condicionantes sociales, provocando, en consecuencia, una cierta contraposición entre lo que se establece instintivamente y lo que ordena en el presente la sociedad. De ahí que el conflicto que se establece entre ambas realidades:

> *constituye la base de la oposición entre los así denominados impulsos e instintos del individuo y las normas morales-sociales. La vida moral es la articulación y el entrelazarse de varios planos de esta estratificación.*

(Vattimo, 2003: 163)

La moralidad, por ende, se erige en ese punto de articulación, en términos lacanianos, es el almohadillado de los instintos subjetivos-sociales y las imposiciones ideológicas de lo social. De manera que la moral, los imperativos éticos que determinan el buen hacer del individuo y de su relación con la sociedad, no dejan de ser elementos puramente utilitarios. El comportamiento moral del hombre, siguiendo la perspectiva de Nietzsche y Vattimo, puede equipararse al *comportamiento mimético de los animales*, es decir, su tendencia a confundirse con el ambiente para defenderse, por un lado, y atacar ulteriormente, por otro.

Disfraz, imperativos sociales, moral son elementos que deben verse en el mismo plano interpretativo de dominio de unos determinados planteamientos, considerados como universales, cuya función es eliminar todo tipo de diferencia y disparidad. Con el fin de legitimar estos planteamientos, lo que acontece es que se cercena la alternativa. Esa es, a su vez, la función de la *metafísica:* la búsqueda de seguridad a través de generalizaciones. Moral, máscara, sociedad son instancias que, tal y como las entendemos hoy en día, responden a una determinada concepción *metafísica* de lo real que busca, para aplacar la inseguridad, establecer criterios fundacionales universales y eternos. De modo que:

> *la necesidad de fundación es solo la necesidad de seguridad que el hombre advierte en una situación de amenaza y violencia, y la metafísica responde a esta situación por medio de otro acto de violencia, el golpe de mano que tiende a apoderarse de los "terrenos más fértiles" asegurándose el conocimiento de los principios de que todo depende.*

(Vattimo, 2003: 187)

Por este motivo, la metafísica no únicamente tiene la capacidad de saciar las exigencias prácticas que plantea la realidad moral de lo social, sino que, a su vez, da lugar a nuevas estructuras del mundo moral y, consecuentemente, nuevas modalidades de dominio social. La metafísica tradicional otorga a la sociedad novedosas tipologías de subyugación e imperio, ofrece nuevas herramientas para eliminar todo resquicio de libertad e individualidad subjetiva, hasta penetrar en el rincón más abismático de la subjetividad.

Ahora bien, el problema que estriba de esta práctica radica en que cambia una determinada violencia por otra. Es decir, la metafísica tiene la finalidad de establecer nuevos criterios, válidos universalmente, para poder mitigar la angustia que le genera al individuo la inseguridad e incertidumbre radical de su existencial. Consiguientemente, "nacidas para producir seguridad, perpetúan, en cambio, la inseguridad y la violencia" (Vattimo, 2003: 193).

Para Vattimo, la influencia de lo social debe ser reducido a los términos propios del pensamiento débil, performativo, genealógico, deconstructivista. Con ello, eliminamos todo intento de fundamentación, que inevitablemente conduce y degenera en fundamentalismo, para defender una perspectiva de apertura radical. La génesis debe ser entendida en términos no metafísicos, estables e inmutables, sino, por el contrario, como puro devenir, fluencia que no se obtura ni anquilosa, puesto que siempre se debe estar dispuesto a mutar de configuración. De ahí que:

> *liberado de este instinto de la fundación, el pensamiento genealógico se abre, en cambio, a la plenitud de la presencia de lo que aparece [...]. En la base del pensamiento genealógico se encuentra el descubrimiento de la insignificancia del origen.*

(Vattimo, 2003: 243)

Ahora bien, la pérdida de sentido del origen, esta ausencia de la preocupación por la realidad axiomática, debe estar íntimamente ligada al debilitamiento de la preocupación por la salvación. De modo que salvación y origen son dos caras de la misma moneda, el anverso y reverso de un mismo fenómeno: manifestaciones de la búsqueda de seguridad en un mundo inseguro.

La muerte de Dios supone la ruptura completa, para Vattimo, siguiendo las premisas nietzscheanas, de la suprema condición metafísica, así como la condición de posibilidad de que el hombre alcance ciertas cuotas de libertad. Dicho en otras palabras, la libertad individual, así como la ruptura de toda violencia fundamentalista fruto de la hegemonía de la metafísica, se erigen en corolarios de la muerte de Dios. Por ello:

> *su muerte es la muerte de la violencia que ha dominado nuestra vida durante tantos siglos, en el marco de la moral y de la sociedad de tantos siglos, en el marco de la moral y de la sociedad de la ratio. Por esto se trata de un acontecimiento objetivo que precisa de tiempo para afirmarse y ser reconocido.*

(Vattimo, 2003: 253)

En este punto es crucial detenernos para apreciar la ruptura que plantea la propuesta de Vattimo para con los condicionantes sociales supremos, por un lado, así como por su distanciamiento de las tesis de Žižek, por el otro. Para el pensador turinés, la moral, disfraz, sociedad y demás instancias de yugo se erigen en mecanismos represivos elaborados y ejecutados por la sociedad, para someter al sujeto. Por ejemplo, tal y como se observaba en anterioridad, la moral se identificaba con las exigencias que plantea e impone lo social, a través de costumbres y herencias pretéritas ancestrales, que se han interiorizado como imperativos subjetivos incondicionales. Es en este punto donde para Žižek, aunque se defienda una perspectiva de desvalorización de todos los valores en gran parte de su pensamiento, todavía sigue existiendo la represión social: el *imperativo de goce* es un precepto de nuestra sociedad posmoderna-capitalista. La muerte de Dios se erige en el *cliché* que garantiza la absoluta represión del individuo al creerse plenamente libre de condicionantes pero, *de facto* se halla más sujeto a la determinación social que nunca. Su capacidad de desear, de gozar y de pensar se halla absolutamente configurada y deformada por criterios sociales ("debes gozar, pero goza con responsabilidad", sería la premisa represora de nuestra sociedad posmoderna). Sin embargo, para Vattimo, en el momento en el que se asume completamente, hasta las últimas consecuencias, la muerte de Dios, todo el edificio de subyugación social se derribará paulatinamente. Dicho de otro modo, lo que se producirá será la irrupción de una nueva modalidad de sujeto, completamente distinta y al margen de los parámetros dominantes de la contemporaneidad. La muerte de Dios debe dar lugar a una situación de nihilismo en la que puedan generarse las condiciones para que emerja una nueva tipología de individuo que deje de definirse, exclusivamente, por los estamentos imperantes. Dicho sucintamente, el hombre debe transformarse por completo con la muerte de Dios.

Esta es la principal distancia que separa a Žižek y Vattimo: el primero es incapaz de pensar un individuo revolucionario, en el sentido estricto del concepto. No puede concebir un sujeto que sea capaz de transfigurar sus condiciones existenciales completamente, pero no a modo de *El Gatopardo* de cambiarlo todo para no cambiar nada estructuralmente, sino, por el contrario, de ser radicalmente distinto. En cambio, Vattimo es capaz de abordar una subjetividad completamente distinta a la actual, eliminando todo tipo de connotación somera de la mutación. Expresado en otras palabras, Žižek no puede pensar en un sujeto plenamente emancipado de los condicionantes sociales actuales y, fruto de esa falta de radicalidad, no es capaz de ahondar en un sujeto desprendido de las redes sociales contemporáneas, a diferencia de Vattimo que, sirviéndose de los postulados del nihilismo nietzscheano, concibe la posibilidad de un individuo plenamente *diferente*.

El punto crucial no deja de ser otra cosa que la conciencia, entendida como la instancia que define al individuo. La conciencia, comprendida como estructura que se halla configurada por elementos inconscientes y conscientes, tiene un carácter social. El yo es social en tanto y cuanto determina la autopercepción de la identidad del sujeto, así como su imposición respecto a otros elementos de la personalidad. En este punto, Žižek y Vattimo confluyen. El desarrollo de la conciencia, a su vez, se fundamenta en la necesidad de comunicarse. La tríada *conciencia-comunicación-lenguaje* es crucial puesto que:

> *la conciencia que nace y se desarrolla solo como instrumento de comunicación, se estructura también íntimamente para servir sobre todo a las exigencias de la vida con los demás.*

(Vattimo, 2003: 352)

La conciencia, en consecuencia, se yergue en el órgano de interiorización de las estructuras de dominio sociales. Este es un punto de confluencia tópico, como se ha podido observar hasta ahora, ya que la conciencia es un elemento que enmascara relaciones de dominio. La cuestión crucial es si puede emanciparse de este determinismo rígido y concebirse estructuras (fluidas) diferentes que modelen, de otra forma, nuestra conciencia.

La temática de las estructuras fluidas modeladoras es fundamental ya que no podemos hablar de instancias rígidas y universales, si asumimos el antifundacionalismo radical del pensamiento débil. La superioridad de este nuevo hombre, de la nueva subjetividad que plantea Vattimo, podríamos calificarla de *hermenéutica*, es decir, "su capacidad de constituir unidades significantes" (Vattimo, 2003: 400). La nueva subjetividad es conocedora que toda la realidad pasa a ser definida en términos de interpretación, de dación de sentido puramente interesada y contextualizada históricamente. El nuevo hombre implica una nueva modalidad de ser, que compromete la totalidad de su *ser-en-el-mundo* y se yergue en:

> *una amenaza para el hombre presente mientras el hombre presente es rebaño, sociedad de la ratio desplegada, disciplina social productiva interiorizada a través de la conciencia, el lenguaje, todo el sistema moral-metafísica dominada por el espíritu de la venganza.*

(Vattimo, 2003: 429)

Evidentemente que todo ello conlleva, a su vez, una nueva visión del mundo, por lo que concierne a todas sus estructuras (la temporalidad, la naturaleza...). La visión del mundo contemporánea se caracteriza fundamentalmente por prejuicios y estructuras sociales que nos imponen la necesidad de dominarlo para que sirva a nuestros fines. Sin embargo, esta consideración no deja de ser una mirada interpretativa e interesada de lo real, por ello:

> *el mundo en el que cada nuevo acontecimiento es interpretación es, de hecho, un mundo constituido exclusivamente por símbolos y signos; los "hechos" no son interpretaciones solo en el sentido de que no podemos prescindir, al aprehenderlo, de nuestros prejuicios; se constituyen como hechos solo en un mundo simbólico, son interpretación en su más radical esencia, en tanto que pueden ordenarse de elementos atómicos, que a su vez son siempre ordenamientos y sistemas regidos por una unidad simbólico-interpretativa.*

(Vattimo, 2003: 469)

Tal y como se observó en la segunda parte del estudio, tampoco se llega al sujeto como un referente último de la realidad. No hay ningún dato previo a la simbolización sino que, más bien, lo que acontece es una *infinidad positiva* hermenéutica por la riqueza y la inextinguibilidad de la realidad. Y esto es posible si se asumen los caminos trazados por el *pensamiento débil.* Con la desvalorización de los valores supremos, la relación entre sujeto y sociedad debe ser considerada como:

> *una promoción de relaciones humanas no violentas: la violencia le parece solo el acallamiento del otro, o el silenciamiento de toda pregunta por parte de principios absolutos e indiscutibles. La violencia se ejerce siempre sobre la base de afirmaciones absolutas.*

(Vattimo, 2013: 148-149)

Debe haber una liberación de la noción de sujeto y mundo social, propio del contexto socio-histórico capitalista en el que nos hallamos, para ver el carácter dúctil y rico de lo real. Y es así como debemos entender el vínculo entre subjetividad y sociedad: como la relación dinámica, fluida, hermenéutica y nada impositiva entre estas dos instancias mutuamente interdependientes.

Referencias

Althusser, L. (1988). *Ideología y aparatos ideológicos del Estado. Freud y Lacan*. Buenos Aires: Nueva visión.

Eagleton, T. (1997). *Ideología. Una introducción*. Barcelona: Paidós.

Gramsci, A. (1978). *Antología*. Ciudad de México: Siglo XXI.

Marcuse, H. (2005). *El hombre unidimensional*. Barcelona: Ariel.

Marx, K. y Engels, F. (1970). *La ideología alemana*. México D. F.: Grijalbo.

Marx, K. y Engels, F. (1997). *Manifiesto Comunista*. Barcelona: LUB.

Sloterdijk, P. (2007). *Crítica de la razón cínica*. Madrid: Siruela.

Vattimo, G. (2003). *El sujeto y la máscara*. Barcelona: Península.

Vattimo, G. y Zabala, S. (2012). *Comunismo hermenéutico. De Heidegger a Marx*. Barcelona: Herder.

Vattimo, G. (2013). *De la realidad*. Barcelona: Herder.

Žižek, S. (2004). *Ideología. Un mapa de la cuestión*. México D. F.: Fondo de Cultura Económica.

Žižek, S. (2011). *El espinoso sujeto*. Barcelona: Paidós.

PROCESOS (CAPITALISTAS) DE VICTIMIZACIÓN

Los procesos de victimización se rigen por determinadas dinámicas discursivas. Expresado en otros términos, cualquier consideración acerca de la figura de la víctima deberá atender al hecho primordial de que es producto de un determinado discurso. Si este fenómeno es de esta manera, será evidente, tal y como se mostrará en la investigación, que no todas las víctimas van a recibir un trato análogo. Por ejemplo, las víctimas de todas aquellas causas que han caído en el olvido del imaginario colectivo van a devenir *víctimas obsoletas* y, por ende, carentes de interés.

Esta ausencia de interés hacia las víctimas de causas olvidadas, y amputadas del escenario colectivo, nos conduce al hecho de que es el discurso dominante el que determina, en la actualidad, quién se convierte en víctima de pleno derecho y quién debe ser arrinconado a la región de lo obsoleto.

De esta manera, lo que acontece es que la utilidad de los procesos de victimización actuales se erigen en legitimación de la lógica y discurso dominante. Por ello se pondrán en circulación diferentes mecanismos como la *compulsión repetida inducida*, *solidaridad interesada* y la *víctima inútil* para, de esta manera, asegurarse la plena construcción de la víctima como figura esencial para favorecer la actual dinámica social.

Ahora bien, que la víctima sea un efecto discursivo acarrea que pueden establecerse diferentes tipologías discursivas en torno al fenómeno. Expresado en otros términos, debe observarse como a lo largo de la historia se han desplegado diferentes concepciones acerca de la víctima, así como las diferentes causas que han favorecido la irrupción de dicha consideración. Se observará cómo, desde la Edad Antigua hasta la contemporaneidad, la realidad de la víctima ha mutado considerablemente, así como sus intentos de legitimación.

Finalmente, se abordará de qué manera el sistema capitalista estructura su discurso acerca de la víctima, así como los elementos ideológicos que entran en juego en dicha elaboración. Se observará cómo los procesos de victimización se hallan estrechamente vinculados con la violencia sistémica y a la ideología dominante.

Construcción (interesada) de víctimas

Si nos regimos por ciertas tesis estipuladas por Dominick LaCapra, la condición de víctima siempre se halla inmersa en una íntima ligazón a un determinado relato que la legitima como tal (LaCapra, 2005). Expresado en otras palabras, el fenómeno de la victimización siempre es interno a un discurso. Por ese motivo, en tanto que epifenómeno discursivo:

> *las víctimas acostumbran a ser presentadas, por parte de quienes las convierten en el eje de su discurso, como víctimas sin más, testimonios vivos del dolor, de la injusticia o de la arbitrariedad, al margen de cualquier consideración ideológica. Cuando conviene advertirlo enseguida, son en realidad víctimas que pertenecen a alguna causa.*

(Cruz, 2012: 142)

De ahí que, en tanto que entidades dependientes de un determinado relato, no todas reciben el mismo grado de atención. Dicho en otros términos, todas aquellas víctimas inscritas en causas que han caído en desgracia y, por consiguiente, que han pasado a ser unánimemente categorizadas como obsoletas, "o no acostumbran a merecer apenas atención o no reciben el mismo tratamiento" (Cruz, 2012: 143). En tanto que discurso la victimización depende, articulada en términos de Marx, del discurso dominante.

Por ello, no es de extrañar el fenómeno apuntado por LaCapra o Cruz acerca de una interesada *despolitización* de las víctimas: en tanto en cuanto sirven a la causa imperante, la figura de la víctima no deja de ser un ente al servicio de la lógica de un determinado relato (interesado). Para observar este fenómeno, solo hace falta dirigir la mirada hacia el curioso fenómeno acerca de cómo dicho interés teje la articulación de la víctima con el trauma.

Si recordamos el discurso freudiano, la víctima, para Freud, gozaría de dos formas diferenciadas de relacionarse con el trauma: por un lado, hallaríamos la *repetición* y, por otro lado, la *elaboración*. Pues bien, producto de este contexto discursivo interesado, se daría, en la contemporaneidad, el curioso fenómeno de la *compulsión repetitiva inducida* (Cruz, 2012: 144), en la que la repetición que apuntaba Freud, como una de las formas relacionales para con el trauma:

> no sería el resultado de la desmesura inasumible de la experiencia sino de la invitación —formulada al traumatizado— a convertirse en una víctima reconocida y unánimemente compadecida.
>
> (Cruz, 2012: 144)

Este prurito a *la compulsión repetitiva inducida*, entre un ingente número de consecuencias, generará la legitimación del argumento fariseo acerca de la necesidad de no olvidar y, por ende, recordar compulsivamente, determinados fenómenos para que, de esta manera, no vuelvan a producirse. En consecuencia, presuntamente

con la finalidad de extirpar la posibilidad de que una acción traumática se reinicie en futuros cursos de acción, no cesa de inocularse
a la víctima su papel de tal, lo cual conduce a que todos aquellos
individuos que padecieron tales sucesos no alcancen nunca el so-
siego, la paz, ni se reconcilien con su experiencia. De modo que:

> *se le relega a la condición de inocente absoluto [...] a cambio de que sea también*
> *una víctima absoluta, por entero y a tiempo completo, adherida en su totalidad*
> *a la experiencia que lo dañó.*

(Cruz, 2012: 146)

Estirando un tanto la anterior consideración, resultaría evidente plantear la posibilidad de que todos aquellos que se solidarizan
con los sujetos categorizados como víctimas gocen de análogos
beneficios que las víctimas obtienen cuando son reconocidas, en
el imaginario colectivo, como tales. Es decir, se establecen mecanismos de *solidaridad interesada* en los que la cuestión estriba en que
los solidarios, al simpatizar con la causa, pesquisan el atributo de
inocencia absoluta que estigmatiza al individuo victimizado. Operación mistificadora, diálectica inversa y punto de almohodillado
quebrado, que busca de forma interesada una legitimación de clase
a través de una fútil identificación simbólica (recordemos que la
víctima se estructura discursivamente).

De esta manera, se estigmatiza al sujeto catalogado como *víctima*
por el simple hecho de ser participante en un determinado evento
que ha sido calificado de traumático. En ese contexto, tal y como
establece Todorov, emerge la figura de la *víctima inútil,* que designa
una evocación interesada para aquellos que determinan el relato im-

perante[4]. En esa perspectiva, la *víctima inútil* no sería más que el testimonio perfecto que materializaría el inventario de lo que padeció:

> *que se presenta como vía directa de acceso a una verdad más auténtica, más rica, ajena al control de instancias rigurosas o especializadas. Se consuma de esta manera la operación mistificadora, presentando como conocimiento alternativo lo que en realidad a menudo constituye otra cosa que un conjunto de imágenes extremadamente lábil y, sobre todo, vulnerable.*

(Cruz, 2012: 159)

Y este procedimiento incurre en un error de base puesto que aquello que caracteriza intrínsecamente el argumento, o discurrir, de un sujeto que ha padecido una determinada experiencia catalogada como traumática, es su *desestructuración*, su *inherente desarticulación* (Žižek, 2008). Sus rasgos son:

> *su incoherencia factual, su confusión, su informalidad. Si la víctima fuese capaz de describir su dolorosa y humillante experiencia de manera clara, con todos los datos situados en un orden consistente, su claridad nos haría sospechar de su veracidad.*

(Žižek, 2008: 13)

---

4 Este fenómeno de la evocación interesada de una determinada tipología de vivencias nos remite a la tesis de Sloterdijk acerca de cómo la indignación se halla gestionada, acumulada y articulada por los estados, partidos, aparatos burocráticos que eliminan la sabia nutriente de la verdadera fuerza revolucionaria de la indignación. Hay verdaderos *burócratas de la indignación* (Sloteridjk, 2010).

Nunca el testimonio de un traumatizado puede ser tal, a saber, un testimonio. Como mucho puede ser el relato desorganizado de una serie de vivencias que, en tanto que exceden su capacidad de configurar un sentido determinado, se escabulle por completo de las garras de la racionalidad y la conceptualidad. Intentar buscar una estructura en la retórica de la víctima es, dicho en términos de Žižek, regirse por la absurda lógica del *laxante de chocolate*: "obtenemos el resultado deseado sin tener que sufrir los molestos efectos secundarios" (Žižek, 2008: 60).

La cuestión de fondo, volvamos a lo estipulado al inicio, estriba en que la víctima es el resultado de un determinado procedimiento discursivo, que la categoriza y estigmatiza, de forma interesada, como tal. En tanto que este hecho es de esta manera, una de las cuestiones que brotan es que, en tanto que discurso, el relato que garantiza la victimización no goza de una univocidad histórica. Expresado en otros términos, los procesos de construcción contemporáneos que garantizan la existencia del fenómeno de la víctima no son los mismos que se empleaban en la Grecia de Pericles, la Alta Edad Media y la Modernidad prerevolucionaria. De esta manera, observamos una historicidad radical en el fenómeno de la victimización (Foucault, 1995) que imposibilita la presunta necesidad y universalidad de la víctima. Veamos, por consiguiente, de una forma somera, dicha historicidad victimista.

Genealogía del fenómeno de la victimización

Son abundantes las consideraciones históricas para con las víctimas. Todas ellas, encaradas desde un punto de vista jurídico y penal, apelan a una cierta visión cuyo fin no deja de ser otro que el de justificar su propia disciplina. Por ese motivo, resulta curioso cómo, siguiendo el trazo histórico marcado por Foucault (Foucault,

1995), el proceso de victimización se configura en la época antigua. Rastreando las huellas de Homero, observamos de qué manera la víctima se erige en el perdedor de un duelo fratricida entre varios combatientes. Se produce un encuentro beligerante entre dos (o más) guerreros para, de esta manera, poder dirimir cuál de ellos yace en el error. De modo que:

> *no hay juez, ni sentencia, ni verdad, y tampoco indagación o testimonio, que permita saber quién dice la verdad. Por el contrario, la lucha, el desafío, el riesgo que cada uno de los contendientes va a correr, había de decidir no solo quién dice la verdad, sino también quién tiene razón.*

(Foucault, 1995: 63)

En esta lucha, dicho hegelianamente, por el reconocimiento, se producirá la victoria de uno de los contendientes, constituyéndose, la parte vencida, en un fenómeno algo ambiguo. Tal vez, uno de los combatientes se reclama el estatuto de 'víctima' y, en su duelo a muerte por hallar dicho reconocimiento, consigue vencer y, por ende, adquirir aquello que pesquisa. En este punto, la víctima no es algo pasivo, desprovisto de agencialidad, ni alguien inocente. En concreto, en este momento, la víctima puede encarnarse en una instancia activa, agente, que debe mancharse las manos y, por ende, alejarse de cualquier connotación de inocencia. Dicho sucintamente, la víctima, en la Grecia de Homero, debía jugar y poner en juego su ser para hallar el reconocimiento.

Por consiguiente, en los albores de nuestra historia (occidental), la víctima no se le extirpa en ningún caso su agencialidad puesto que debe poner en juego su persona para encontrar una legitimación a su reclama. Sin embargo, pronto esta connotación virará tras la irrupción de las prescripciones que se destilan del *Edipo rey*, de Sófocles. A la sazón de su tragedia, se gesta e instaura una determinada visión en la que la disputa por el reconocimiento ya no estriba en un combate a muerte entre partes demandantes sino que, por el contrario, emerge la problemática figura del *pastor* que:

> *oculto en su cabaña, a pesar de ser un hombre sin importancia, un esclavo, el pastor vio y, porque tiene en sus manos ese pequeño fragmento de recuerdo, porque traza en su discurso el testimonio de lo que vio, puede contestar y vencer el orgullo del rey y la presunción del tirano. El testigo puede, por sí solo, por medio del juego de la verdad que vio y enuncia, derrotar a los más poderosos.*

(Foucault, 1995: 63-64)

De esta manera empieza a forjarse el rol del *testigo*, de aquel que puede interceder en la disputa a partir de hacer referencia a su propia experiencia acerca de aquello que acontece. Ya no es una lucha a muerte para reivindicar un determinado estatuto (sea el de víctima o verdugo), sino que dicho reconocimiento dependerá de un tercero. Por ese motivo, se empieza a generar toda una superestructura en la que la reclamación de los daños y perjuicios ya no será una interpelación directa, sino diferida, puesto que lo esencial será hacer referencia a la figura del pastor.

Esta relación diferida entre víctima y verdugo se burocratiza más, tal y como se puede observar en el derecho germano de la época de Tácito (ya nos hallamos inmersos en pleno Medioevo). Para que pudiese haber un proceso de reclamación, era *conditio sine qua non* que o bien se hubiese materializado algún daño o bien que alguien se presentase como víctima (en este caso, alguien que presuntamente hubiese sido objeto de algún perjuicio). El carácter indirecto y diferido de la víctima podía alcanzar tal nivel que la victimización la podía reclamar la propia persona directamente, o alguien de la familia que asuma la causa del pariente. A partir de aquí se produce la *acción penal,* que no deja de ser el reclamo de la víctima de la reparación o liquidación judicial de los daños. En este punto, sí que hay una lucha entre las partes combatientes, erigiéndose el derecho en "una manera reglamentada de hacer la guerra" (Foucault, 1995: 67). Hay una refriega a muerte entre ambas partes, como en el caso de la Grecia arcaica homérica, pero la diferencia estriba en que en el derecho germano, la lucha se judicializa, se legisla y, por ende, se administra. Ya no es *una lucha a muerte* sino una *lucha burocratizada* y administrada por las instancias legislativas (el proceso podía interrumpirse en el instante en el que se estableciese un pacto económico que constituía el *rescate* o el reparo del perjuicio).

Este carácter administrativo y burocratizado de la contienda se hará aún más explícito a fines del siglo XII y durante el transcurso del XIII. A partir de este momento emerge, en los procesos de victimización, la primacía del fenómeno de la *indagación.* Entre las múltiples características, cabe destacar que con la indagación:

> *los individuos no tendrán en adelante el derecho a resolver, regular o irregularmente, sus litigios; deberán someterse a un poder exterior a ellos que se les impone como poder judicial y político.*

(Foucault, 1995: 75)

De esta manera, brota la figura del *procurador* que se presenta en la contienda como representante del soberano. Consecuentemente, en cada ocasión que se produzca un pleito, el procurador se hará presente en el proceso en condición de representante de un poder que ha sido quebrado y dañado, con lo que "doblará a la víctima pues estará detrás de aquél que debería haber planteado la queja" (Foucault, 1995: 76).

Lo que acontece con esta acción es que el soberano, representante del poder político, se erigirá en el doble, y, con el tiempo, el sustituto de la víctima. Este fenómeno provocará un hecho absolutamente novedoso a lo largo de la historia hasta entonces: será el poder político el que se apoderará de los procedimientos judiciales, emergiendo, consecuentemente, la novedosa noción de *infracción*: "el daño no es solamente una ofensa de un individuo a otro sino también una ofensa que infringe un individuo al Estado" (Foucault, 1995: 76).

Se materializa la transmutación terminológica al pasar del *crimen, daño,* a la *infracción*, en la que lo que se vulnera ya no es la integridad de un sujeto determinado, sino el orden establecido. Por ello, aquel que se erige en culpable no se le exigirá únicamente la reparación del perjuicio materializado a la víctima, sino también la reparación de la ofensa efectuada al soberano, al Estado, al orden.

De modo que, en la *indagación,* el representante del poder, el procurador, reclamará la presencia de personas competentes en las costumbres de la sociedad, en el derecho de la misma, para reunirlas, cuestionarlas, interpelarlas y que deliberasen, finalmente, la resolución de la contienda.

La víctima, por consiguiente, ve cómo el poder se posiciona a su favor en tanto en cuanto la víctima, a modo de simbiosis, encarna la ruptura del orden. A la sazón de la indagación, el proceso de victimización será un proceso de socialización, puesto que aquel que ha sufrido presuntamente el daño, ejemplifica el desequilibrio estructural de la sociedad. Es ella, y no el agresor, el que lleva escrito en su nombre el *nomos* y, por consiguiente, lleva tatuado simbólicamente el orden que estructura y jerarquiza lo social. Por consiguiente, la víctima se yergue en la instancia que *legitima el orden*. Su presencia es esencial para que el orden siga funcionando, para que el poder siga ejerciendo su fuerza. Y este fenómeno se observará diáfanamente a fines del siglo XVIII e inicios del XIX, en la instauración de lo que Foucault denomina la *sociedad disciplinaria*, en la que "una ley penal debe simplemente representar lo que es útil para la sociedad, definir como reprimible lo que es nocivo, determinando, así negativamente lo que es útil" (Foucault, 1995: 93). Emergerán múltiples fenómenos: el *encarcelamiento*, como una forma de controlar la potencialidad y capacidad del sujeto; la *peligrosidad,* que "significa que el individuo debe ser considerado por la sociedad al nivel de sus virtualidades y no de sus actos" (Foucault, 1995: 97); la *gubernamentalidad*, que designa:

> *[el] conjunto constituido por las instituciones, los procedimientos, los análisis y las reflexiones, los cálculos y las tácticas que permiten esta forma tan específica, tan compleja de poder, que tiene como meta principal la población, como forma primordial de saber, la economía política, como instrumento técnico esencial, los dispositivos de seguridad.*

(Foucault, 1999: 195)

Para no adentrarnos mucho en cuestiones foucaulteanas que nos alejarían ingentemente de nuestro objetivo, solo diremos que nos adentramos (siglo XIX) en la época de *ortopedia social*, de una *sociedad disciplinaria*, *panóptica* y de *saber*. La cuestión es que es el poder el que determina, a la sazón de sus múltiples dispositivos, el discurso de la víctima y del criminal. Traza, a raíz de sus estructuras (jurídicas, policiales, educativas, científicas…), las coordenadas que determinarán las categorías necesarias para conceptualizar un sujeto como víctima. Se le otorgarán todos los beneficios (y penalidades), no por el sufrimiento padecido, sino por la función que ejercen en el sino del devenir social. Es en esta sociedad disciplinaria en la que debe ubicarse la génesis de la construcción social interesada, que apuntábamos al inicio, que vertebra nuestra contemporaneidad (disciplinada).

Victimización (capitalista)

Para hablar de víctima, es necesario hablar de violencia. Son dos instancias que parecen estar aunadas y, consecuentemente, ser analíticas, en sentido leibnizeano. Ahora bien, veamos de una forma más profunda la violencia para observar una tipología interesante que plantea el filósofo y psicoanalista esloveno S. Žižek. Según su propuesta, debemos discernir entre tres maneras de entender la violencia: por un lado tenemos la *violencia subjetiva*; ulteriormente, la *simbólica* y, finalmente, la *violencia sistémica*. En particular:

> *la violencia subjetiva se experimenta como tal en contraste con un fondo de nivel cero de violencia. Se ve como una perturbación del estado de cosas "normal" y pacífico. Sin embargo, la violencia objetiva es precisamente la violencia inherente a ese estado de cosas "normal". La violencia objetiva es invisible puesto que sostiene la normalidad de nivel cero contra lo que percibimos subjetivamente violento.*

(Žižek, 2008: 10)

La cuestión es simple: la violencia subjetiva es la experiencia que tenemos todos acerca de lo que es violento, en tanto en cuanto perturbación de un orden estable de acontecimientos. Sin embargo, la violencia objetiva sería la violencia implícita a ese orden estable de acontecimientos. Finalmente, la simbólica hace referencia a todos aquellos aspectos de orden simbólico, semiótico, que se encargan de generar un determinado universo de sentido y, por ende, legitimador del orden estable de acontecimientos.

Que hay una violencia objetiva eso es palpable. El neoliberalismo americano es violencia objetiva. Prueba de ello lo vemos por doquier. Ahora bien, lo curioso es como se legitima discursivamente este hecho. Centremos la atención, en una primera instancia, en la relación paradójica de las víctimas, por ejemplo, del genocidio congoleño, con más de cuatro millones de muertos (efecto de prácticas colonizadoras) con las producidas por el atentado terrorista de las torres gemelas, el 11-S. ¿Por qué razón un hecho histórico lamentable, que genera más de cuatro millones de muertos en una región específica, no tiene los mismos efectos en el imaginario colectivo que las muertes del 11-S? En ambos casos hay muerte indiscriminada, consecuencia de unos ideales (absurdos), sin embargo, las víctimas del 11-S parecen estar recubiertas de un aura especial, si se las compara con las congoleñas. Dicho de una manera más tajante:

> *la muerte de un niño palestino de Cisjordania, por no mencionar un israelí o un estadounidense, vale para los medios mil veces más que la muerte de un congoleño desconocido.*

(Žižek, 2008: 11)

En el fondo de esta dicotomía subyace una violencia objetiva que hace que consideremos unas víctimas por encima de otras, unos daños como más desestabilizadores y traumáticos que otros. La normalidad sobre la que se asienta nuestro juicio es violenta, impuesta a la fuerza, *introyectada* para que no podamos trascender y subvertir su lógica. Y dicha normalización se fundamenta por el establecimiento de los patrones capitalistas, como elementos normativos de lo social. Expresado en otros términos:

el destino de un estrato completo de la población, o incluso de países enteros, puede ser determinado por la danza especulativa "solipsista" del capital, que persigue su meta del beneficio con total indiferencia sobre cómo afectará dicho movimiento a la realidad.

(Žižek, 2008: 23)

Es la danza presuntamente metafísica y especulativa del capital la que dictamina el devenir de lo social, la que proporciona el combustible que posibilita la materialización de procesos y catástrofes sociales. Es en este punto de dominio y motor del capital en el que se aloja la *violencia sistémica* estructural del capitalismo.

La paradoja que subyace a esta modalidad de violencia capitalista reside en el hecho de que se generan más víctimas que nunca, pero dicha violencia, que no para de generar dolor y sufrimiento indiscriminadamente, adolece de falta de verdugo. La violencia que causa el capitalismo ya no se puede atribuir a figuras y sujetos concretos e identificables, ni a *intenciones malvadas,* sino que hay pura objetividad y anonimato procesual. Es decir:

cuando se llama la atención sobre los millones de personas que murieron como resultado de la globalización capitalista, desde la tragedia de México, en el siglo XVI, hasta el holocausto del Congo belga, hace un siglo, en gran medida se rechaza la responsabilidad. Parece que todo hubiera ocurrido como resultado de un proceso "objetivo" que nadie planeó ni ejecutó y para el que no había ningún "manifiesto capitalista".

(Žižek, 2008: 25)

Sin embargo, junto con esta producción anónima de víctimas en masa que ejecuta el devenir capitalista, emerge un fenómeno que pretende cortocircuitar la toma de conciencia de dicha violencia sistémica. Este no es otro que la caridad y la solidaridad que muestran aquellos que sustentan el poder (Bill Gates, George Soros, Bono…, así como los países ricos). Como ya apuntara Sloterdijk, el capitalismo se supera en el momento en el que es capaz de escindirse y, por consiguiente, producir fuera de sí su opuesto más radical. Pues bien, esta forma de operar es la que caracteriza estructuralmente el desarrollo capitalista, puesto que genera por doquier víctimas, producto de su radical injusticia, pero, por otro lado, se muestra la cara amable del sistema, su alma caritativa que atiende a los más damnificados. Dicho en otras palabras:

> *el gesto soberano autonegador de la infinita acumulación de riqueza es el gesto de gastar esa riqueza en cosas sin tener en cuenta su precio y ajenos a la circulación mercantil: el bien público, las artes y las ciencias, la salud, etc. Este concluyente gesto "soberano" permite al capitalista romper el círculo vicioso de la reproducción infinitamente ampliada, de gran dinero para ganar más dinero.*
> (Žižek, 2008: 35)

En el momento en el que el capitalista, generador de la violencia que genera centenares de miles de víctimas producto de su despiadada gestión de la circulación del capital, dona su riqueza amasada al bien público, a la beneficencia, se niega a sí mismo como personificación de la violencia sistémica y, por ende, su vida *adquiere un sentido*.

Lo mismo puede apuntarse de los derechos humanos que presuntamente velan por el devenir pacífico entre las diferentes naciones y sujetos. Dicha lógica perversa se observa en ellos puesto que no lo olvidemos:

los derechos humanos universales son, en realidad, el derecho de los propietarios blancos a intercambiar y explotar en el mercado a los trabajadores y a las mujeres con total libertad, así como el derecho a ejercer la dominación política.

(Žižek, 2008: 179)

Junto con este carácter anónimo y, simultáneamente, caritativo para con las víctimas que genera a su paso, el capitalismo establece la primacía de un discurso que aboga por una presunta *tolerancia y respeto* al otro. Sin embargo, nos hallamos en un contexto, tras la guerra de Iraq, por no remontarnos más atrás en los años de frugales enfrentamientos bélicos americanos, en el que la matanza indiscriminada está a la orden del día. Parece que se establezca una extraña paradoja en la que se busca respetar al prójimo pero, sin embargo, se gestan los más despiadados mecanismos para convertirlos en víctimas de una forma despiadada. En este contexto, observamos una especie de *ilusión ética*, análoga a las perceptivas puestas en boga por los gestaltistas, en la que se observa que es mucho más difícil torturar a un único sujeto que permitir que a distancia se lancen explosivos, bombas de todo pelaje, que puedan hacer sucumbir a miles de sujetos. La razón es patente:

la causa final de estas ilusiones es que, aunque nuestro poder de razonamiento abstracto se ha desarrollado mucho, nuestras respuestas emocionales y éticas siguen estando condicionadas por las reacciones adultas instintivas hacia el sufrimiento y el dolor que se presencia.

(Žižek, 2008: 59)

Por este motivo, ¿por qué Kissinger es menos criminal que los responsables del 11-S? Esta ilusión ética se gesta por el gesto, apuntado por Lacan, de la *denegación fetichista*: *conozco lo que ocurre, pero no quiero saber lo que sé, ergo no sé*. Así, pues, se rechazan completamente las consecuencias del conocimiento, con lo que se puede continuar actuando como si no se supiese.

Ideología: el veneno inoculado a las víctimas por la sociedad

Ahora bien, si ahondamos en la dimensión fundamental de los procesos de victimización, en el marco de la sociedad capitalista, observaremos que, en cierto modo, las víctimas se erigen en puntos ideológicos fundamentales, tal y como se ha observado en la investigación.

Si penetramos en la estructura de lo ideológico[5], según Žižek, observaremos que tiene un punto de cinismo al implicar la ausencia de reconocimiento por parte de sus participantes. Expresado en otros términos, para que el discurso ideológico goce de una eficacia tiene que pasar desapercibida para los individuos que configuran la constelación social en la que se encarna dicha ideología. Por ello:

> *solo es posible a condición de que los individuos que participan en él no sean conscientes de su propia lógica: es decir, un tipo de realidad cuya misma consistencia ontológica implica un cierto no-conocimiento de sus participantes.*

(Žižek, 2010: 46)

---

5 Dado que en el anterior capítulo de la investigación se ha abordado la segunda etapa de la concepción de ideología de Žižek, en este segundo punto de nuestra investigación se abordará su primera concepción, con la finalidad de ofrecer al lector la totalidad de la concepción de Žižek acerca de lo ideológico.

Si el sujeto es capaz de indagar en la génesis de esa relación ideológica y, por consiguiente, llega a *saber demasiado*, a perforar el auténtico funcionamiento del engranaje social, dicha realidad social se derrumbaría. Consecuentemente, la efectividad del discurso social de la víctima depende, principalmente, de que sus ciudadanos no sean capaces de discernir lo que hacen.

En cierta manera, esta caracterización de lo ideológico entronca con la naturaleza del *síntoma:* es decir, configuración cuya forma y consistencia implica necesariamente un cierto desconocimiento. Dicho en otros términos, el sujeto puede gozar de su sintomatología en tanto en cuanto su lógica inherente se le escabulle. Por ello, puede afirmarse sin ambages, siguiendo las propuestas planteadas por el discurso de Žižek, que toda realidad ideológica es sintomática.

Sin embargo, si la ideología se caracteriza por este rasgo sintomático y, consiguientemente, de desconocimiento, la lógica que hay en el fondo no es otra que la del *cinismo*. No obstante, esta caracterización cínica debe matizarse. Para Sloterdijk el funcionamiento dominante de lo ideológico no es otro que el cinismo. El sujeto conoce la brecha existente entre la pátina ideológica y la realidad social, pero, sin embargo, insiste en la pátina (Sloterdijk, 2007). El individuo es conocedor de la distancia existente entre la ideología y la realidad, pero todavía es capaz de hallar razones para conservar la máscara ideológica (verbigracia, poder mantener su *statu quo)*.

El problema que cobija este planteamiento de la cuestión estriba en que "la razón cínica, con toda su separación irónica, deja intacto el nivel fundamental de la fantasía ideológica, el nivel en el que la ideología estructura la realidad" (Žižek, 2010: 58). Dicho en otras palabras, la razón cínica sloterdijkeana no es capaz de apreciar el delirio propio que conlleva toda estructura ideológica, la fantasía que nutre el imaginario colectivo y que organiza la realidad del individuo.

Para explicitar dicha fantasía, centremos la atención en la relación mercantil. Todos los ciudadanos que habitan contextos capitalistas saben con precisión que detrás de las relaciones mercantiles hay relaciones intersubjetivas. Es decir, hay vínculos entre sujetos que buscan una determinada ganancia (económica, posesiva...). Sin embargo, lo que acaece en la *praxis* es que se actúa como si la realidad material (dinero, mercancía...) fuese la encarnación completa de dichas relaciones intersubjetivas. De modo que los individuos son fetichistas de la mercancía, empleando terminología marxiana, en la práctica, pero no en la teoría. De ahí que los sujetos:

> *saben muy bien cómo son en realidad las cosas, pero, aun así, hacen como si no lo supieran. La ilusión es, por lo tanto, doble: consiste en pasar por alto la ilusión que estructura nuestra realidad efectiva y real con la realidad. Y esta ilusión inconsciente que se pasa por alto es la que se podría denominar la fantasía ideológica.*

(Žižek, 2010: 61)

De esta forma, el discurso ideológico no se fundamenta en ser una realidad que trata de ocultar el estado real de las cosas, sino que, por el contrario, es una fantasía inconsciente que estructura la realidad social del sujeto. Por ese motivo, Sloterdijk yerra el tiro hermenéutico puesto que la distancia cínica alimenta la ideología hasta perpetuarla. Sucintamente expresado, "aun cuando no nos tomemos las cosas en serio, aun cuando mantengamos una distancia irónica, aun así lo hacemos" (Žižek, 2010: 61).

Asimismo, esta fantasía ideológica que se encarga de configurar la red en la que se halla atrapado el individuo, se sostiene por la *creencia* del sujeto en ella. No obstante, no debemos entender *creencia* única y exclusivamente en su acepción común, es decir, como adhesión mental del sujeto a un determinado fenómeno. Más bien, acontece lo contrario, a saber: la creencia, en primer lugar, es algo externo, se encarna en la conducta práctica. Para ejemplificar este hecho, atendamos a dos realidades concretas: el coro de la tragedia griega y las plañideras.

En el primer caso, el coro exime al espectador de adaptarse plenamente al devenir de la obra. Es decir, el asistente llega a la representación con toda una serie de percepciones, preocupaciones, problemas y demás instancias que impiden una plena adecuación con el desarrollo de los problemas de la trama argumentativa. Para paliar este déficit adaptativo sale a la luz el coro "que siente el pesar y la compasión en vez de nosotros, o con mayor precisión, nosotros sentimos las emociones requeridas por medio del coro" (Žižek, 2010: 63). Es el coro, con sus múltiples reacciones emocionales, las que incitan al espectador a sentir lo que la trama exige. Por consiguiente, el espectador siente a través del coro, cuya función es la de erigirse en nexo emocional entre la obra y el espectador.

Ulteriormente, en el caso de las plañideras, la cuestión se vuelve mucho más cruda: las plañideras son las mujeres que reciben una determinada remuneración para que lloren en lugar de los protagonistas, en el momento en que se materializa el funeral. Mientras las plañideras lloran el deceso del difunto, los familiares directos pueden utilizar su tiempo en cosas mucho más provechosas (cómo repartir la herencia del fenecido).

La lógica que hay tras este hecho es que la creencia no es algo mental o íntimo del sujeto sino que siempre se encarna en una determinada realidad. Por ello, la creencia se encarga de sostener el edificio ideológico que regula y determina la realidad social. Sin ella, la realidad social se desintegra.

Por ese motivo, la única obediencia real que podemos hallar a la creencia es la externa. Sin embargo, no hay que caer en una perspectiva conductista del sujeto. Dicho en otros términos:

> *la obediencia por convicción no es obediencia real porque ya está "mediada" por nuestra subjetividad —es decir, no estamos en realidad obedeciendo a la autoridad sino simplemente siguiendo nuestro arbitrio, que nos dice que la autoridad merece ser obedecida en la medida en que es buena, sabia, benéfica...*
>
> (Žižek, 2010: 66)

Encontramos razones que validan nuestra creencia puesto que ya creemos en ella, no es que creamos porque hayamos encontrado suficientes razones para creer en ella. No hay que caer en el simple conductismo ya que la conducta externa, que determina la creencia, es siempre un soporte material para el inconsciente del sujeto. En consecuencia, hay una esencial imbricación entre inconsciente y acción del sujeto.

Dando una vuelta de tuerca más, la creencia siempre implica un cierto carácter reflexivo: "nunca se trata de creer sin más, sino de creer en la creencia" (Žižek y Gunjević, 2013: 166). El acompañante material, conductual de la creencia, que se apreciaba en anterioridad, constituye una espacio fundamental de la creencia ya que:

> *creer "directamente", sin la mediación de un ritual, es una carga pesada, opresiva, traumática, que, por medio del ritual, podemos transferir al Otro.*
>
> (Žižek y Gunjević, 2013: 167)

Expresado en otras palabras, la conducta que implica la creencia, y que la constituye, da al sujeto un espacio en el que respirar, abre una ventana que posibilita la obtención de un mínimo de distancia respecto a la excesiva proximidad de la creencia, que haría intolerable la existencia plena del sujeto.

Dicha brecha es fundamental puesto que hay, en última instancia, un punto traumático, un núcleo real imposible de soportar. La fantasía ideológica, y la creencia que implica, se encarga de estructurar la realidad, tal y como se ha podido observar. No obstante, esta configuración de la realidad social no es una simple ilusión que se construye para eludir una realidad insoportable. La cuestión es mucho más compleja ya que:

> *la función de la ideología no es ofrecernos un punto de fuga de nuestra realidad, sino ofrecernos la realidad social misma como una huida de algún núcleo traumático, real.*

(Žižek, 2010: 66)

La dimensión básica de lo ideológico, tal y como se observó, no es otra que la construcción de la fantasía que finge ser el soporte de nuestra realidad social, cuando, por el contrario, es una *ilusión* que se encarga de organizar, estructurar y configurar la constelación social, las relaciones sociales efectivas, reales. Por ese motivo, al tener esta dimensión profundamente estructuradora, puede encubrir y huir del núcleo traumático, que observábamos en anterioridad.

De ahí que la ideología será plenamente efectiva cuando tenga la capacidad de generar en el sujeto la ausencia de una brecha entre ella y la realidad social. Solo cuando el sujeto no es capaz de percibir o sentir ninguna oposición entre lo ideológico y la realidad, es cuando tiene el máximo grado de efectividad y eficiencia. Y, obturando el círculo, este fenómeno acontece cuando lo ideológico determina completamente la experiencia cotidiana de la realidad que posee el sujeto. Por ello, puede afirmarse sin ambages que "una ideología en realidad triunfa cuando incluso los hechos que a primera vista la contradicen empiezan a funcionar como argumentaciones a favor" (Žižek, 2010: 80).

Ahora bien, ¿cómo la ideología es capaz de determinar de esta forma la experiencia del sujeto?, ¿qué mecanismos entran en juego para poder deformar la realidad? Entre los diferentes elementos que podríamos exhumar, vamos a destacar uno: el *punto de almohadillado (point de caption)*. El espacio social se halla vertebrado por toda una serie de elementos que adolecen de falta de nexo entre sí. La función del punto de almohadillado no es otra que erigirse en el Significante-Amo, es decir, en ese núcleo omniabarcador y estructurador que da un sentido a toda esa amalgama de elementos. Dicho de otra manera:

> *el espacio ideológico está hecho de elementos sin ligar, sin amarrar, "significantes flotantes", cuya identidad está "abierta", sobredeterminada por la articulación de los mismos en una cadena con otros elementos —es decir, su significación "literal" depende de un plus de significación metafórica.*

(Žižek, 2010: 125)

Veamos los diferentes elementos que entran en juego. Por un lado, hay toda una serie de fenómenos, partes integrantes, instrumentos que son neutros, dotados de una dimensión aséptica fundamental. Estos elementos configuran el imaginario social. *Per se*, no son ni buenos ni malos, positivos o negativos, útiles o disfuncionales. Simplemente, circulan en el orden social. Ahora bien, para tener el pleno dominio ideológico, constituye una tarea básica que uno de esos elementos se constituya como el hegemónico y, por consiguiente, dote de un sentido a toda esa diáspora de elementos. De manera que el almohadillado totaliza estas partes deteniendo la libre flotación y circulación de estos elementos (ideológicos). Lo que está en juego en la lucha ideológica es saber cuál de esos *puntos de almohadillado* totalizará la masa dispersa de elementos sociales. Sucintamente expresado, la batalla ideológica se halla en la imposición de unos determinados puntos nodales en detrimento de otros.

No obstante, debe plantearse el hecho de que el punto de almohadillado encierra una aparente paradoja puesto que:

> *no es un punto de densidad suprema de Sentido, una especie de Garantía que, al estar exceptuada de la interacción diferencial de los elementos, servirá de punto referencial estable y fijo. Al contrario, es el elemento que representa la instancia del significante dentro del campo del campo del significante. En sí no es más que una "pura diferencia": su papel es puramente estructural, su naturaleza es puramente performativa.*

(Žižek, 2010: 140)

No se trata de un núcleo de sentido dotado de estabilidad, inmutabilidad y universalidad. Su naturaleza es performativa, es decir, pragmática, que depende de la articulación que se materializa en el espacio, y, por ende, no es una causa referencial plenamente identificable. Su estatus ontológico es el de la diferencia: vertebra el espacio pero elude todo tipo de identificación simbólica plena. No es posible determinar positivamente, objetivamente, el punto nodal que estructura la realidad, simplemente podemos ver los *síntomas*, la articulación de la realidad social, su tendencia.

¿Cuál es el *punto de almohadillado* imperante en la actualidad? ¿Qué punto nodal estructura de una forma más íntima al sujeto? Este no es otro que el *imperativo de goce*. El punto principal de la ideología contemporánea es una constante obligación hedonista, un empuje perpetuo de goce. Sin embargo, este imperativo no deja de ser el corolario de la célebre tesis nietzscheana de *la muerte de Dios*. Sin embargo, lejos de liberarnos por completo de toda barrera, lo que hay es una creencia inconsciente.

> *El ateo moderno cree que sabe que Dios ha muerto; lo que no sabe es que, inconscientemente, sigue creyendo en Dios. Lo que caracteriza a la modernidad ya no es la figura del creyente que abriga en secreto dudas sobre su fe y tiene fantasías transgresoras. En la actualidad, estamos ante un sujeto que se presenta como un hedonista tolerante dedicado a la búsqueda de felicidad, pero cuyo inconsciente es la sede de las prohibiciones: lo reprimido no son deseos o placeres ilícitos, sino las propias prohibiciones.*

(Žižek y Gunjević, 2013: 24)

Aunque parezca paradójico, cuanto más libre de cadenas teológicas, morales, éticas y demás que se crea que se halla el sujeto, más dominado está el inconsciente por prohibiciones que, constantemente sabotean el goce. Las consecuencias de este hecho son dos, la primera:

> *aun cuando la versión de Lacan parece una paradoja insustancial, una mirada rápida a nuestro paisaje moral confirma que resulta mucho más apropiada para describir el universo de los hedonistas liberales ateos: dedican su vida a la búsqueda del placer, pero como no hay una autoridad externa que les garantice el espacio de esa búsqueda, se ven atrapados en una densa red de regulaciones*

autoimpuestas políticamente correctas, como si los controlara un superyó mucho más severo que el de la moralidad tradicional. Se obsesionan con la idea de que, al buscar su placer, pueden humillar a otros o transgredir su espacio, de modo que regulan su conducta con normas detalladas para no "acosar" a nadie, por no hablar de la regulación, igualmente compleja, del cuidado a su persona (estar en forma, comer sano, vivir en paz...). De hecho, no hay nada más opresivo que ser un simple hedonista.

(Žižek y Gunjević, 2013: 38)

Como conclusión de lo anterior, tenemos, en segundo lugar, una afirmación que, en una mirada superficial, podría parecer problemática: solo los que se refieren a Dios de forma directa y expresa son los más libres. Dicho de otra forma, el fundamentalista es aquel sujeto que realmente vive sin la opresión de sus cadenas sociales. La razón es evidente ya que:

vivimos en una época que se considera postideológica. Como ya no es posible apelar a grandes causas públicas para llevar a cabo una violencia a gran escala (o una guerra), es decir, como nuestra ideología hegemónica nos llama a disfrutar de la vida y realizarnos, es difícil, para la mayoría, superar la repulsión que provoca la tortura y el asesinato de otro ser humano. La inmensa mayoría de gente es espontáneamente moral: torturar o asesinar a un ser humano les resulta profundamente traumático. Por lo tanto, para que lo hagan, se necesita una causa más grande, "sagrada", que haga que los insignificantes reparos individuales al asesinato parezcan triviales. La religión y la etnia desempeñan este papel perfectamente.

(Žižek y Gunjević, 2013: 38-39)

Esta paradoja lo que revela es que la posmodernidad, con sus rupturas de referentes últimos y absolutos de la realidad, acaba cayendo en las redes de la necesidad de apelar a grandes causas para poder actuar. A diferencia de lo que podría pensarse, el sujeto posmoderno, que parece libre de toda ideología, se halla inmerso en ella de forma plenamente vigorosa.

Cosificación de las víctimas

Hasta aquí, podríamos hablar de la *actitud para con las víctimas* y de fenómenos de *generación (ideológica) de victimización*. No obstante, no se ha planteado de qué manera esta lógica capitalista genera su propia concepción de la víctima. Se ha observado al inicio cómo la contemporaneidad construye un determinado relato de la víctima que lo conduce a su inutilidad y a la incapacidad de trascender el trauma vivido. Completemos esta precisión con dos aspectos más, para, de esta manera, cerrar el círculo victimista.

En primer lugar, podemos observar, en el momento en el que abordamos el contacto con los procesos de victimización contemporánea, que a la víctima se la considera como un ente *pasivo, paciente*, desprovisto de cualesquier estructura de agencialidad. De esta manera, queda reducida a mero ente objeto de un determinado daño (del orden o naturaleza que sea). Para entender mejor este hecho, debe recordarse que la agencialidad designa "la capacidad de determinación de lo que ocurre en el nivel experiencial como un suceso que afecta a la primera persona" (Broncano, 2013: 72). Dicho en otras palabras, la agencialidad hace referencia a esa autodeterminación del sujeto en la que puede determinar su forma de experienciar y, por consiguiente, dotar de un sentido a lo que le sucede, *comprender* lo que (le) acontece. Por consiguiente, la *víctima inútil* o la *compulsión repetitiva inducida* se constituyen en el corolario de la extracción de la agencialidad a la víctima y, por ende, ubicarla en el espacio de la mera pasividad.

Ahora bien, en segundo término, esta amputación de la agencia se produce en tanto en cuanto se generan toda una serie de procesos de objetivación que convierten al sujeto-víctima en un ser cosificado, objetual y, como tal, digna de recibir toda una serie de interpelaciones (ser estudiada, admirada, compadecida...). En tanto que objeto, puede ser destripada su capacidad de autodeterminarse o autoconocerse, y erigirse en mero receptáculo de *reconocimiento fútil*.

Vista de esta manera, como se apuntaba al inicio, la víctima pasa a ser una variable más que cumple una determinada funcionalidad en el seno del devenir social (capitalista). Su función, aunque parezca paradójica, no es otra que legitimar el orden existente, en tanto en cuanto corporaliza, como vimos en el análisis foucaulteano del fenómeno, un orden determinado en forma de ley (jurídica, moral...) quebrada.

Referencias

Broncano, F. (2013). *Sujetos en la niebla. Narrativas de la identidad.* Barcelona: Herder.

Cruz, M. (2012). *Adiós, historia, adiós. El abandono del pasado en el mundo actual.* Oviedo: Ediciones Nobel.

Eagleton, T. (1997). *Ideología. Una introducción.* Barcelona: Paidós.

Foucault, M. (1995). *La verdad y las formas jurídicas.* Barcelona: Gedisa.

Foucault, M. (1999). *Estética, ética y hermenéutica.* Barcelona: Paidós.

LaCapra, D. (2005). *Escribir la historia, escribir el trauma.* Buenos Aires: Nueva Visión.

Sloterdijk, P. (2007). *Crítica de la razón cínica.* Madrid: Siruela.

Sloterdijk, P (2010). *Ira y tiempo. Ensayo psicopolítico.* Madrid: Siruela.

Vattimo, G. (2003). *El sujeto y la máscara.* Barcelona: Península.

Vattimo, G. y Zabala, S. (2012). *Comunismo hermenéutico. De Heidegger a Marx.* Barcelona: Herder.

Vattimo, G. (2013). *De la realidad.* Barcelona: Herder.

Žižek, S. (2004). *Ideología. Mapa de la cuestión.* México D. F.: Fondo de Cultura Económica.

Žižek, S. (2008). *Sobre la violencia,* Madrid, Paidós.

Žižek, S. (2010). *El sublime objeto de la ideología.* Buenos Aires: Siglo XXI.

Žižek, S. (2011). *El espinoso sujeto.* Barcelona: Paidós.

Žižek, S. y Gunjević, B (2013). *El dolor de Dios.* Madrid: Akal.

LA MORADA DEL CAPITALISMO

El proceso de mercantilización, que domina en todos los ámbitos de la existencia del sujeto, se ha inoculado en la concepción del hogar y ha transfigurado, por ende, la función de la morada. Si a lo largo de la historia, la vivienda se ha caracterizado por erigirse en el ámbito de la privacidad, así como de la estereotipia de una serie de roles determinados, en la contemporaneidad, con su mercantilización, ha pasado a desarrollar la función de mercancía y, por consiguiente, a definirse primordialmente por su *valor de cambio*.

Este proceso, entre múltiples efectos, ha provocado que la casa pase a ocupar el espacio de *no lugar* que definió Marc Augé como el elemento característico de la *sobremodernidad*. Expresado en otros términos, la vivienda pasa a convertirse en un espacio de fugacidad, de intercambio y negocio, en el que garantizar la permanencia ya no es su principal funcionalidad.

De ahí que este estudio tenga la finalidad de sacar a la luz este proceso de mercantilización que ha sufrido la vivienda, analizando, en primer término, el concepto tradicional de hogar como espacio que garantiza la pervivencia de los roles preestablecidos por la sociedad, así como el contexto de demarcación entre el ámbito de lo público y lo privado.

Ulteriormente, la investigación penetrará en cómo el hogar se mercantiliza, prestando atención a los diferentes datos de los últimos años, acerca del incremento del flujo de compra-venta inmobiliario. Se analizará como el hogar pasa a definirse en términos de mercancía, adoptando sus principales características (a saber, definirse por su *valor de cambio,* por encima de su *valor de uso,* la necesidad de generar plusvalía…).

Finalmente, el estudio sacará una de las consecuencias más relevantes de este proceso de mercantilización del hogar: su conversión en espacio de mero tránsito pasajero y, por consiguiente, la adopción del hogar en tanto que espacio de *no lugar*.

De manera que la vivienda pasará a ocupar el estatuto de una realidad cuya estancia se caracterizará por el carácter efímero, así como por el afán de generar negocio con su capacidad de intercambiabilidad.

'Home sweet home'

Desde los albores de la historia del hombre, el hogar se ha considerado como la *morada*, es decir, la porciúncula en la que el sujeto lleva a cabo su existencia, de una forma más íntima y personal. Por consiguiente, constituye el ámbito de la *intimidad*. Ahora bien, dicha intimidad deberá ser entendida en tanto que "supone la familiaridad en una intimidad con alguien. La interioridad del recogimiento es una soledad en un mundo ya humano. El recogimiento se refiere a un recibimiento" (Lévinas, 2002: 172). De manera que el fenómeno de la intimidad no hace referencia únicamente a una existencia solipsista o individual, sino que también denota una *vida en común* con los más cercanos —familiares, amigos, pareja…

Si dirigimos la atención a la Antigua Grecia, se observará cómo la *administración de la casa (oikonomia)* se erige en un ámbito esencial del hombre, al ocuparse de la gestión del contexto que configura lo más personal del individuo. De modo que, la *techné oikonomiké* hace referencia al paradigma:

> de gestión y no epistémico; es decir, se trata de una actividad que no está vinculada a un sistema de normas que ni constituye una ciencia en sentido propio […], implica decisiones y disposiciones que hacen frente a problemas específicos

en cada momento, que se refieren al orden funcional (taxis) de las diversas partes del oikos.

(Agamben, 2008: 33)

En tanto que el hogar se erige en este contexto de intimidad absoluta, podemos afirmar que, históricamente, la casa se ha erigido en el criterio de demarcación entre dos formas de vida: la pública y privada. En consecuencia, el mero acto de cerrar la puerta y entrar en la morada, conduce al sujeto al ámbito de lo propio, certero, personal; expresado en un concepto: de lo *privado*. Allí estamos a salvo de las veleidades de lo que nos circunscribe. Asimismo, esta privacidad que ofrece la casa implica toda una serie de fenómenos de ingente relevancia, verbigracia:

el adentro, lo interior, el ámbito de lo privado remite a ideas, sentimientos y conductas que son objeto de reserva y no se someten al juicio ajeno. En el cajón de lo externo, de lo público, se reúne todo lo que se muestra a los demás, lo que es objeto de percepción y opinión por parte de quienes están también 'ahí fuera', mirando y escuchando todo lo que ha quedado súbitamente al descubierto. El dentro y el afuera connotan, en sus expresiones extremas y respectivamente, el secreto y la exposición total.

(Delgado, 2007: 30)

De esta manera, a lo que nos conduce la construcción del hogar es a la vieja dualidad antropológico-sociológica de lo *público y lo privado*, así como las diversas maneras que tiene el individuo de comportarse en ambos contextos. Si en la existencia privada, propia del hogar, prima la opacidad, lo que no se deja mostrar al exterior, aquello que se oculta de la mirada del prójimo, por el contrario, en la existencia pública domina aquello que se muestra, revela a la alteridad.

En última instancia, esta visión tradicional de la casa remite a la asociación que se materializa con el *adentro*, en tanto que espacio construido y habitable, forjado a partir de un "pacto de franqueza y previsibilidad. En la instancia social estructurada que ese dentro suele albergar se registran relaciones estabilizadas" (Delgado, 2007: 32). De manera que en el interior de la morada se hallan las múltiples redes que configuran las instituciones privadas, en las que "uno reconoce y ve reconocido su puesto en un organigrama de puntos más bien fijos. Dentro se alcanzan los máximos niveles de claridad estructural" (Delgado, 2007: 32).

En esta tesitura, la vida allende los límites del hogar se asocia al espacio que no está construido y, por consiguiente, no se encuentra habitable. El *afuera*, expresado en otras palabras, remitiría a la inestabilidad e imprevisibilidad propia de la existencia que se escapa de los límites estructurales del hogar. De manera que:

> *estar fuera es estar siempre fuera de lugar, con la sospecha de que en el fondo no se tiene. Estar fuera es también estar 'fuera de sí', dado que es uno mismo lo primero que se abandona cuando sale. El adentro tiene límites, por el contrario, el afuera es un paisaje ilimitado en que no vive apenas nadie y por el que lo único que cabe hacer es deslizarse.*

(Delgado, 2007: 33)

El hogar, bajo esta mirada tradicional, tal y como se ha observado, es considerado como el lugar que forja el espacio del *adentro*, la *privacidad* y, por consiguiente, la seguridad y la estereotipia de roles. La morada es vista como espacio que genera identidad y, por esa razón, se la valora por lo que *aporta al sujeto*. Dicho sucintamente, históricamente, el hombre valora su hogar por su *valor de uso*.

Revolución hogareña: la explosión de la compraventa de la vivienda

Se ha observado de una forma lacónica la visión tradicional de la vida en el hogar del sujeto, así como su visión acerca del papel fundamental en el momento de forjar identidades. De ahí que la morada sea considerada por el valor que tiene para saciar nuestras necesidades más básicas: cobijar, proteger, formar. La casa tiene una utilidad y ese es el valor que domina en la relación que tenía el sujeto con su hogar.

Esta consideración, que se centra en la utilidad que tiene el hogar para el hombre y que domina desde el inicio de los tiempos —pasando por la Antigua Mesopotamia, Egipto, Grecia Antigua, hasta la vida en el Imperio Romano, el medievo, la época renacentista y moderna—, empezará a virar en la época contemporánea. A partir de este momento, el hogar empieza a ser considerado como un mero lugar de *paso,* transitorio, en el que su capacidad de ser intercambiada por cualquier otra mercancía —generalmente, dinero— aumenta en proporciones desorbitadas.

Para diferentes economistas, este fenómeno de considerar el hogar como una mera entidad que puede ser adquirida y vendida en cualquier momento y, con ello, efectuar un determinado negocio, se inicia en 1985, con la subida progresiva del precio de la vivienda, del alquiler y del suelo. Para el Banco de España, este fenómeno, en el contexto español, se inició en 1997 y tuvo una duración hasta agosto del 2007 (Niño, 2009).

Durante este periodo de tiempo se observó una elevación sostenida de los precios de la vivienda —tanto del alquiler como en la compra– que era superior al 10% anual (incluso en algunas épocas se alcanzó el 30%). De ahí que, entre 1997 y el 2006, en España se incrementó el 150 % el valor nominal del hogar (100% en términos normales) (Niño, 2009).

Asimismo, y concomitante a este aumento progresivo de los precios, la construcción de viviendas durante este periodo de tiempo se incrementó ingentemente. Se calcula que entre el 2000 y el 2005 se proyectaron alrededor de 750.000 viviendas, de las cuales se acabaron materializando 300.000. Por consiguiente, la elevación de los precios, y de la construcción de nuevas viviendas, constituyeron factores esenciales para apreciar esta progresiva pérdida de considerar el hogar como espacio de demarcación de lo público y lo privado, así como de la estipulación de roles e identidades (Niño, 2009). La vivienda pasa a ser una entidad que puede ser canjeada en cualquier instancia, dependiendo de los factores que entren en juego –una buena oferta, necesidad de traslado...

Los discursos imperantes han intentado justificar este aumento espectacular apelando a factores normativos, estructurales (por ejemplo, la política española de regulación del suelo), económicos (bajo endeudamiento, en el caso español, de los ciudadanos; euríbor e intereses escasos...), sociales, demográficos (el número creciente de la inmigración, en territorio español, explica la enorme demanda de nuevos hogares para los recién aterrizados)... Ahora bien, allende estos factores, en el fondo, lo que ha acontecido es un cambio en la tendencia de percibir el hogar –y, podría decirse que, en general, se ha efectuado un cambio genérico en la manera de considerar nuestra relación con el mundo y los demás–, en el que aquello que prima es su posibilidad de crear un negocio, de cambiar la vivienda en cualquier instante.

El hogar en tanto que mercancía

Los datos vistos con anterioridad nos revelan una cuestión de ingente relevancia: el hogar ha visto cómo ha entrado en un flujo continuo de intercambios, en el que la permanencia y la estabilidad pasan a ser categorías olvidadas. La morada se torna un elemento más del cambio masivo, que sufre la mayor parte de utensilios —y personas— en la actualidad. Por consiguiente, puede afirmarse sin ambages que la vivienda ha pasado de tener un determinado valor de uso a caracterizarse primordialmente en nuestros días por su capacidad de ser canjeada —sea por dinero, sea por otro tipo de instancia—. Expresado en otros términos, el hogar pasa a tener el estatuto exclusivo de la mercancía. Ahora bien, analicemos más detalladamente la categoría *mercancía* y veamos cómo la realidad de la vivienda se ajusta a la perfección con dicha categoría.

En primer término, advertimos que cualquier objeto se basa en el hecho de que es un *utensilio*, es decir, goza de una determinada utilidad. Ahora bien, este uso que posibilita el objeto se halla determinado por las propiedades materiales del objeto. Dicho de otra manera, la utilidad del utensilio se fundamenta en sus componentes físicos (si está formado de vidrio, esta composición determinará una particular relación con el objeto, de la misma forma que si tiene una configuración metálica, nuestro uso deberá seguir otros derroteros). Pues bien, toda esta caracterización que se está efectuando de un determinado objeto podría reducirse a una única expresión: *valor de uso*. En consecuencia, el *valor de uso* del que goza un determinado objeto determina su utilidad, es decir, aquello para lo que sirve el objeto. De ahí que pueda aseverarse que "los valores de uso no se hacen efectivos más que en el uso o en el consumo" (Marx, 2002: 12).

Si dirigimos la atención al fenómeno de la vivienda, advertimos que esta caracterización es la que ha imperado a lo largo de la historia de las diferentes culturas, tal y como se apuntó en el primer epígrafe. El hogar era definido por la utilidad que tenía para el sujeto al proporcionarle un espacio para la intimidad, privacidad y confidencialidad. Configuraba un territorio en el que se estipulaban las jerarquías y se consolidaban los roles.

Sin embargo, todo objeto oculta un rostro que lo aleja de la simple utilidad que tiene para el sujeto. Es decir, junto con el *valor de uso* se presenta un estrato espectral[6] que tiene el objeto y que le permite ser intercambiado por cualquier otra realidad. Sucintamente expresado, todo objeto tiene un determinado *valor de cambio*. Este fenómeno:

> *se presenta en primer lugar como la relación cuantitativa, la proporción en que valores de uso de una clase se cambian por valores de uso de la otra, relación que varía constantemente con el tiempo y el lugar. Así, pues, el valor de cambio parece algo arbitrario y puramente relativo.*

(Marx, 2002: 12)

---

6 Para observar de una forma diáfana la equiparación del *valor de uso* con la realidad fantasmagórica que presupone, véase Derrida, J. *Espectros de Marx* (2003). Madrid. Trotta. En él, Derrida asevera que "la fantasmagoría, igual que el capital, comenzaría con el valor de cambio y con la forma de mercancía. Solo entonces entra 'en escena' el espectro" (Derrida, 2003: 179), además de asegurar que "la relación objetiva entre las cosas (lo que hemos denominado el 'comercio entre las mercancías') es, en efecto, una forma fantasmagórica de la relación social" (Derrida, 2003: 185).
Asimismo, el propio Marx, en su célebre epígrafe acerca del *fetichismo de la mercancía*, lleva a puerto una analogía entre el proceso de producción de mercancías y su carácter fantasmagórico: "el carácter fantasmagórico que presenta al carácter social del trabajo como un carácter de las cosas, de los productos mismos. Lo que solo es cierto para esta forma concreta de producción, la producción mercantil" (Marx, 2002: 49).

Posibilidad que tiene cualquier objeto de ser intercambiado con cualquier otro, capacidad de circulación, de tránsito, de unas manos a otras, es lo que define primordialmente el *valor de cambio*. Bajo esta perspectiva, cualquier realidad puede ser cambiada por otra. No existe nada se que halle a salvo de esta universal intercambiabilidad.

En el momento en el que se produce la acción de cambiar objetos, se está produciendo una abstracción de su *utilidad,* ya que lo que cuenta es la capacidad de circulación que se pone en marcha con el objeto. De manera que, en el intercambio, el *valor de uso* es ninguneado, puesto que se convierte en equivalente al del objeto con el que entra en la relación de comercio.

Esta capacidad de todas las cosas para entrar en una relación de comercio con cualquier otra es lo que le otorga su estatuto de *mercancía.* Así, pues, la mercancía no deja de ser más que un determinado objeto que se define, principalmente, por tener un determinado *valor de cambio*, pasando su valor de uso a ser una entidad con un escaso *estatus*. La utilidad no es considerada en el momento en el que el objeto se mercantiliza ya que lo esencial es la *posibilidad de ser canjeado, con absoluta independencia de su uso.*

Ahora bien, esta capacidad de universal intercambiabilidad de la que gozan las mercancías debe corresponder, en última instancia, a un elemento común que unifique los *valores de cambio* y, por consiguiente, que estos puedan quedar representados. Urge la existencia de una determinada entidad que se encargue de nivelar la intercambiabilidad, para que se pueda afirmar que el comercio ha sido más o menos justo —en este caso, equivalente—. Y este elemento común no deja de ser el *trabajo invertido para su producción*. Expresado en otras palabras, "todos se reducen al mismo trabajo humano, a un gasto de fuerza humana de trabajo, siendo indiferente la forma concreta en que dicha fuerza haya sido gastada" (Marx, 2002: 14).

Por consiguiente, la productividad es la instancia que determinará el valor que tiene una determinada mercancía en el universo comercial. *Productividad* debe ser entendida en términos de la duración necesaria para producir el objeto, es decir, "el tiempo socialmente necesario para la producción de las mercancías es aquel que requiere un trabajo realizado con la destreza y la intensidad habituales en condiciones normales con relación al medio" (Marx, 2002: 15). *Tiempo socialmente necesario* significa que el tiempo empleado de forma individual en la producción de la mercancía es absolutamente indiferente ya que lo que cuenta es el tiempo necesario que se ha marcado socialmente para producir la mercancía. De ahí que "las mercancías que contienen cantidades de trabajo iguales o que pueden ser producidas en el mismo tiempo tienen, por lo tanto, el mismo valor" (Marx, 2002: 15). Consiguientemente, la *productividad*[7] marca el valor de cambio.

Esta mercantilización del objeto, con la entrada en escena del *valor de cambio*, así como su primacía, se aprecian diáfanamente en la actual consideración de la vivienda. Si, como se ha observado en anterioridad, la utilidad es la consideración que ha primado a lo largo de la historia, en la actualidad pasa a ser considerada, en términos exclusivos, por su general intercambiabilidad. El hogar tiene un determinado valor de uso pero también goza de un *valor de cambio*. Puede ser canjeado en cualquier momento y en cualquier situación, dependiendo de la oferta. La vivienda se ve despojada de sus lazos emocionales para pasar a ser considerada en términos de entidad que tiene la posibilidad de ser intercambiada por cualquier otra mercancía —dinero, principalmente.

---

7 Tampoco puede olvidarse la importancia que goza la *competitividad* en la circulación comercial de las mercancías. Ahora bien, esa será una cuestión que se observará más adelante cuando entre en juego la realidad del dinero.

Este hecho puede observarse con el fenómeno de la *tasación*. El hogar es calificado en términos del valor monetario que tiene en el mercado. Al verse dotado de ese valor, la vivienda pasa a ser una mercancía que se encuentra presente constantemente en el mercado. Dotado del don de la ubicuidad, el mercado se inocula en la realidad de la vivienda, y le otorga un determinado estatuto de mercancía –*de sustancia potencial de cambio.*

La mercancía conduce a la mediación del dinero

En el anterior apartado se ha destacado que uno de los fenómenos que determina la mercantilización del hogar lo configura la capacidad de ser *tasado* su valor. Por consiguiente, la *tasación* se convertiría en un diáfano ejemplo de las distintas operaciones que conducen a la constitución de la vivienda como una mercancía más. Sin embargo, en el momento en el que un determinado agente, encargado de materializar la tasación del hogar la materializa, entra en juego una realidad que es esencial en todo proceso mercantil: nos estamos refiriendo al dinero.

En el *imaginario social* se ha impuesto la certeza de que la vivienda, en los últimos 25 años, ha incrementado su valor de una forma desorbitada. Para analizar este proceso inherente a la mercantilización del hogar, se efectuará un lacónico recorrido por la función del dinero en la actividad mercantil.

En particular, el dinero no deja de ser una mercancía más del universo mercantil, cuya función primordial es la de desempeñar el rol de *equivalente universal*. Expresado en otros términos, con la realidad monetaria, "en lugar de que la equivalencia sea inmediatamente eficaz y que puedan fijarse sus correspondencias, cada uno de los objetos entra en una relación de igualdad e intercambio con el dinero" (Simmel, 2010: 104). Por ese motivo, puede afirmarse que el dinero, fuera de la relación de intercambio, no deja de ser un determinado papel o metal que goza de escaso valor. Si no fuese por su carácter funcional, el dinero, considerado *per se,* tendría una consideración más bien baja.

De esta manera, se puede determinar una doble naturaleza del dinero. Por un lado, tiene una determinada sustancia concreta y, por ese motivo, es objeto de cierta apreciación y consideración. No obstante, y en segundo término, su auténtico sentido estriba en su disolución a la sazón de su circulación a partir del movimiento de mercancías, de modo que "existe como hipóstasis, como encarnación de una función pura, la del intercambio entre los hombres" (Simmel, 2010: 104).

Ahora bien, si su realidad funcional es la instancia que dota al dinero de su verdadera sustancialidad, su eficacia remitirá, en último término, en un reconocimiento por parte de la totalidad social. Expresado en otras palabras, si el dinero goza de la capacidad de convertirse en el equivalente universal, que garantiza la general intercambiabilidad de las diversas mercancías, ello es posible puesto que es el *conjunto social* quien la ha reconocido como a tal. Su funcionalidad, y, por consiguiente, su poder, depende de la aceptación y el reconocimiento social. Sin ese apoyo, el dinero pasaría a ser un objeto más de la constelación de objetos que configura nuestra existencia.

Este fenómeno puede apreciarse de forma evidente apelando al "sentimiento de seguridad personal que aporta la posesión del dinero, constituye la forma más concertada y comprimida de la confianza en la organización y en el orden estatal y social" (Simmel, 2010: 108). Por ese motivo, cuanto mayor sea el círculo en el que rige el poder monetario, más valor gozará el dinero, puesto que se producirá un incremento del reconocimiento. Por el contrario, en grupos pequeños, existen garantías —lazos sociales, emocionales, sociales y legales– que extirpan el valor y, por consiguiente, su importancia, al dinero. Este adolece de falta de valor, en este tipo de comunidades, puesto que no es reconocido como fuente de equivalencia universal.

Este reconocimiento se basa, en parte, en la necesidad de conseguir mayor comodidad y manejabilidad en el flujo de mercancías. El dinero, así como sus sucedáneos –cheques, transferencias…–, hace que se produzca un incremento en la circulación de mercancías. De ahí que:

> *la estabilidad más perfecta del dinero se podría lograr desde el momento en el que este ya no existiese en ningún caso para sí, sino que solo fuera la expresión más acabada de las relaciones de valor entre los bienes concretos. De este modo, el dinero habría llegado a una situación de absoluta inmovilidad que las oscilaciones de los bienes no podrían cambiar, del mismo modo que la unidad de medida tampoco cambia por las diferencias en las cantidades reales que han de medir.*

(Simmel, 2010: 122)

Hasta aquí se han evaluado, a grandes rasgos, las principales funciones del dinero. No obstante, estos rasgos conllevan toda una serie de problemáticas de enorme calado para el devenir social. En primer término, la realidad monetaria produce una *alienación* del sujeto respecto a su propia naturaleza así como para con su relación con la realidad que le circunda. En tanto que el dinero se convierte en la mercancía equivalente de forma universal, pasa a tener el estatuto de *mediador* entre el sujeto y la mercancía. En este sentido, "el dinero, por un lado, produce una impersonalización desconocida de toda propiedad económica; por otro, una independencia y una autonomía crecientes de la persona" (Simmel, 2010: 2).

Asimismo:

> *se hace posible, primero, la pura objetividad en los propósitos de la asociación,*
> *su carácter puramente técnico [...]; además, el sujeto se libera de los estrechos*
> *vínculos ya que ahora no se encuentra ligado al conjunto como una persona*
> *concreta sino a través de entregas y recepciones de dinero.*

(Simmel, 2010: 3)

Ahora bien, junto con esta alienación del sujeto, respecto a su mismidad y sus relaciones intra e intergrupales, el dinero, considerado como equivalente universal, se encarga de igualar un ingente número de mercancías. Toda mercancía goza de una determinada especificidad e inconmensurabilidad. Sin embargo, el dinero, en tanto que se encarga de mediar entre el *valor de cambio de las mercancías*, las iguala, eliminando cualquier resquicio de individualidad. De modo que:

> *las cosas quedan infravaloradas en un sentido amplio debido a su equivalencia*
> *con este medio de intercambio accesible para cualquier eventualidad. El dinero*
> *es "común" porque es el equivalente para todo.*

(Simmel, 2010: 8)

De esta manera, con la irrupción de la realidad monetaria como elemento cuya principal función es la de erigirse como equivalente universal, se produce el establecimiento, en el sujeto, de la capacidad para poder abarcar cualquier mercancía. Dicho en otros términos, a la sazón de la emergencia del dinero, se experimenta una *asequibilidad de las cosas*. Consiguientemente:

tan pronto como muchos objetos, antes no adquiribles, se colocan al lado comparable, y algunas indisponibilidades aparecen de repente como disponibles y reversibles [...], los valores tradicionales están sujetos a transvaloración y desvaloración.

(Sloterdijk, 2007: 248)

El sujeto experimenta la sensación de que todo es potencialmente adquirible. Con el imperio de la realidad monetaria, la totalidad de lo real se convierte en un enorme supermercado, en el que únicamente el individuo debe escoger su presa —según tenga la necesidad de ella o no—. El mundo se yergue en un gran bulevar en el que el dinero desempeña un papel principal. De ahí que:

en qué gran medida la mediación monetaria modifica todas las dimensiones determinantes de la existencia: tenemos acceso a lugares [...], a datos [...], a bienes materiales.

(Sloterdijk, 2007: 249)

Y es evidente que, en esta situación, la experiencia que tiene el sujeto con su hogar se ha visto afectada por el predominio de la realidad monetaria, en tanto que capacidad de equivalencia universal entre las diversas mercancías. La morada, como se ha observado, goza de un determinado *valor de cambio,* que, a su vez, es equiparado a un determinado *precio.* Como se ha destacado al inicio, el fenómeno de la *tasación* determina en mayor medida el precio del hogar. De modo que la vivienda pasa a definirse principalmente por ese valor de tasación. La morada ya no se yergue en el espacio de vida privada y estereotipia de roles, que se destacó al inicio, sino que, más bien, se halla determinada de raíz por ese precio tasado por especialistas –juristas, economistas, banqueros..., es decir, un amplio espectro de figuras que se encargan de efectuar estudios de mercado para determinar cuánto se estaría dispuesto a pagar por adquirir esa mercancía.

Es de este modo como un hogar, una vez tasado, pasa a ser una mercancía más dentro del universo mercantil. Deja de ser una morada para pasar a ser una mercancía, análoga a cualquier otra (ordenador, mesa, silla, bolígrafo y cepillo de dientes). La única diferencia estriba en su valor de cambio, determinado por el acto de la tasación, pero, considerada en sí misma, la casa pasa a ocupar un lugar más dentro del *continuum de mercancías* que configura nuestra existencia.

Para el propio sujeto, en tanto que conocedor de este valor, el hogar deja de ser considerado como espacio de arraigo, de desempeño de roles y de práctica de la privacidad. Pasa a ser considerado como un espacio más, en el que, en el presente, está desempeñando su vida, pero en el que existe una potencial capacidad de que sea abandonado. En el espacio del hogar contemporáneo emerge la perpetua posibilidad de *huida* –por impago, por recibir una oferta desorbitada, por encontrar otro lugar más adaptado a sus necesidades o más ostentoso para alardear con sus congéneres, por producirse un cambio de residencia debido a traslado laboral, de investigación...–. Las posibilidades de *huida* son múltiples, sin embargo, en la raíz del fenómeno se halla el proceso en el que el hogar pasa a tener el estatuto de mercancía y, como tal, es susceptible de ser intercambiada en cualquier momento.

De modo que podemos hablar de un proceso que se retroalimenta: por un lado, el carácter mercantil del hogar se refuerza por esa posibilidad perpetua que tiene el sujeto contemporáneo de huir pero, por otro lado, ese carácter huidizo viene explicado porque la morada ya no es un espacio exclusivo de arraigo y formación de vínculos, sino que es una mercancía más del mercado.

El negocio inmobiliario: generación de plusvalía

Se ha observado cómo el hogar pasa a ocupar el rango de mercancía y, como tal, posee un determinado *valor de cambio*, un precio por el que puede ser intercambiado por cualquier otra mercancía –generalmente dinero, aunque las posibilidades de cambio son infinitas.

No obstante, en tanto que se mercantiliza el hogar, se convierte, asimismo, en un *negocio* en el que se debe obtener el máximo beneficio posible. Expresado en otros términos, como afirmarían los conductistas sociales Berk y Homans, debe intentar extraerse el máximo beneficio posible en toda relación de intercambio. La fórmula es clara: máximo beneficio reduciendo al máximo los costes (*principio del minimax o de la competitividad*). La vivienda, en tanto que negocio, debe proporcionar un beneficio. Veamos el proceso de producción de ganancia –plusvalía– para analizar cómo se instaura en el proceso de mercantilización de la morada.

En una primera instancia, puede afirmarse sin ambages que la forma directa en la que circulan las mercancías responde al inveterado esquema *Mercancía-Dinero-Mercancía* (M-D-M). Es decir, la posesión de una determinada mercancía se transforma en dinero, ahora bien, ese dinero se convierte en inversión respecto a otra mercancía. Expresado sucintamente, se vende una mercancía para intentar obtener otra. En el caso de la vivienda, este hecho puede apreciarse diáfanamente en cómo, a lo largo de los años comprendidos entre 1997 y el 2007, se multiplicó el número de ventas, por un determinado valor, para, ulteriormente, con ese capital recibido, invertirlo en otra vivienda (u otra mercancía), tal y como se apunta en el apartado 3.

Ahora bien, el fenómeno que ha dominado enormemente en el transcurso de estos años de incremento del flujo de compra-venta de viviendas es otro bien distinto. En particular, el modelo que ha imperado se ha caracterizado por:

> *la forma D-M-D (dinero-mercancía-dinero), transformación del dinero en mercancía y nueva transformación de la mercancía en dinero: comprar para vender. El dinero que describe en su movimiento este último círculo se transforma en capital.*

(Marx, 2002: 62)

Expresado en otros términos, se posee un determinado dinero que se invierte en la adquisición de una determinada mercancía. Ahora bien, ulteriormente, dicha mercancía no se destinará a saciar una necesidad particular sino que, más bien, será puesta en circulación otra vez y se venderá por una determinada cantidad de dinero. En esta modalidad es básico que el dinero se encuentre en un constante proceso de circulación ya que, si no es así, "si el dinero no fluye, la operación fracasa" (Marx, 2002: 64).

Aquí el dinero debe ser retornado. Sin embargo, este retorno monetario debe tener una particularidad, si se pretende aseverar que ha existido un *buen negocio;* a saber,

> *el proceso D-M-D no debe su razón de ser a ninguna diferencia cualitativa de sus extremos, puesto que ambos son dinero, sino únicamente a su diferencia cuantitativa. Al final, siempre se ha sustraído a la circulación más dinero del que se ha lanzado.*

(Marx, 2002: 65)

Es decir, para que la circulación sea fructífera, debe existir una diferencia en la cantidad inicial de dinero invertido, y la cantidad final de dinero recibido, en donde esta última debe ser superior a la primera. Cuanto mayor sea la diferencia a favor de la última cantidad de dinero, mayor beneficio podrá extraerse de la relación comercial. Por ese motivo, debe distinguirse la primera forma de dinero respecto la segunda: D-D'. En último término, la finalidad estriba en comprar una determinada mercancía para venderla más cara. Así de sencilla es la fórmula. A su vez, la diferencia existente entre la primera cantidad de dinero y la segunda, el excedente o el incremento del valor de venta, es lo que se denomina *plusvalía*.

Puede vislumbrarse como en esta modalidad de flujo mercantil, el valor se presenta:

> *como una sustancia automática, dotada de vida propia, que, al cambiar incesantemente sus formas, cambia también de magnitud y, como valor originario, da origen espontáneamente a un nuevo brote, una plusvalía, incrementándose finalmente por sí mismo.*

(Marx, 2002: 68)

La generación de plusvalía merced a la compra-venta de viviendas ha sido una de las constantes en los últimos años. Las tasas, como se pudo observar con anterioridad, se dispararon entre los años 1997 y el 2008. Muchas de estas operaciones, estaban destinadas a mejorar la calidad de la vivienda. Se vendía una casa para poder adquirir otra. En otros casos, la venta estaba destinada a saciar otras necesidades con la recepción del dinero. Sin embargo, la relación que más ha predominado en el transcurso de estos años ha sido la operación de generación de plusvalía.

Expresado en otras palabras, a los sujetos que disponían de un determinado capital previo tuvieron la posibilidad de efectuar un gran negocio inmobiliario ya que podían comprar una morada por una determinada cantidad, para, ulteriormente, venderla por un número superior y, de esta forma, obtener una plusvalía. Este hecho está íntimamente relacionado con el anterior fenómeno de la tasación. Si la vivienda, en el 2002, se tasaba por un valor de 180.000 euros, por ejemplo, por circunstancias del mercado (productividad, competitividad, demanda de mercado…), en una ulterior tasación (en el 2007) su valor pasará a ser de 240.000 euros. De modo que si, en este caso, el sujeto decidiese vender su hogar obtendría una plusvalía de 60.000 euros. Así, pues, la posesión de una morada se erigió en una potencial fuente de negocios e ingresos.

Por consiguiente, el fenómeno de la plusvalía se daba –y se continúa dando, aunque con cuentagotas– con la mercantilización del hogar, constituyéndose en uno de los factores primordiales del proceso de mercantilización inmobiliaria. El hogar tiene un valor de cambio, una tasación que, al ponerse en circulación, puede dar lugar a plusvalía. En este punto, lo importante no es la cantidad de beneficio que se genere, sino que, con el hogar, se busca esta relación de competitividad, de obtención de beneficio, lo cual, reafirma, aún más si cabe, su condición de mercancía.

El hogar como no-lugar: consecuencias de su mercantilización

La investigación se ha centrado en el proceso de mercantilización que ha sufrido el hogar a lo largo de las últimas décadas. De este modo, la casa pasa de ser la instancia en la que se forjan los vínculos de identidad del sujeto y las prácticas de la privacidad a ser una mercancía más del flujo perpetuo de mercancías. Esta transformación, a su vez, constituye un fenómeno característico a raíz de la contemporaneidad.

De esta manera, se observa cómo el hogar, con su mercantilización, pierde progresivamente su carácter de *lugar*. Ello es de este modo puesto que el lugar se caracteriza, primordialmente, por tener tres rasgos comunes: "identificatorios, relacionales e históricos" (Augé, 1994: 58). Expresado en otros términos, en el momento en el que el sujeto nace lo hace en un determinado lugar y, por ende, tiene "destinado un sitio de residencia" (Augé, 1994: 59), en el que formará su identidad.

Como se destacó en el primer punto del estudio, el hogar se configura como la constelación que garantiza la demarcación entre el ámbito de la privacidad y de lo público, así como forja la estereotipia de roles. Todo ello constituía una fuente de elementos que favorecían la formación de la identidad del sujeto en tanto que *pertenencia*.

Ahora bien, con la mercantilización del hogar y, por consiguiente, con su capacidad de poder ser intercambiada en cualquier momento, si la oferta es jugosa, o las necesidades lo demandan, se observará una mutación progresiva de la función identitaria del hogar, pasando a tener el estatuto de *no-lugar*. A su vez, esta categoría debe ser entendida en los términos en los que los formuló su ideólogo Marc Augé, como los espacios "donde ni la identidad ni la relación ni la historia tienen verdadero sentido, donde la realidad se expresa como exceso o vaciamiento de la individualidad" (Augé, 1994: 92).

Expresado en otras palabras, los *no-lugares* deben ser entendidos como aquellos espacios en los que no es posible establecer ningún vínculo puesto que se caracterizan por la fugacidad de su encuentro, por el anonimato que se genera en la relación. De modo que:

> *por no-lugar designamos dos realidades complementarias pero distintas: los espacios constituidos con relación a ciertos fines (transporte, comercio, ocio), y la*

relación que los individuos mantienen con esos espacios.

(Augé, 1994: 98)

Estos espacios de anonimato se encargan de mediar todo un conjunto de relaciones que el sujeto mantiene consigo mismo, y con los otros, que se caracterizan por la mera "contractualidad solitaria" (Augé, 1994: 98). De ahí que pueda afirmarse que:

> *el no-lugar es el que crea la identidad compartida de los pasajeros, de la clientela y de los conductores del domingo. Sin duda, inclusive, el anonimato relativo que necesita esta identidad provisional puede ser sentido como una liberación.*
> (Augé, 1994: 104)

Es decir, el *no-lugar* genera una relación superficial, pragmática, con los otros con los que se comparten estos espacios. Sin embargo, esta identidad contractual compartida por todos, esta *identidad anónima grupal* que se forja en el *no-lugar*, se puede sentir como una liberación de los roles cotidianos, "libera a quien lo penetra de sus determinaciones habituales" (Augé, 1994: 106).

Esta relación contractual, a su vez, es la garante del ulterior anonimato del sujeto en el *no-lugar*, de manera que "solo adquiere su derecho al anonimato después de haber aportado la prueba de su identidad, refrendando el contrato de alguna manera" (Augé, 1994: 105). No puede existir el derecho de la individualización anónima sin antes reafirmar el contrato con los otros. Sin embargo, esta realidad contractual produce uno de los efectos más devastadores en esta identidad *anihilada* ya que *homogeneiza* al sujeto, convirtiéndolo en un símil del prójimo. El contrato que se firma en el momento en el que el individuo penetra en el espacio del *no-lugar* elimina toda especificidad e inconmensurabilidad.

Pragmatismo, anonimato, homogenización, pero también *soledad* aporta el *no-lugar*, tal y como puede observarse:

> *en el diálogo silencioso que mantiene con el paisaje-texto que se dirige a él como a los demás el único rostro que se dibuja, la única voz que toma cuerpo, son los suyos: rostro y voz de una soledad tanto más desconcertante en la medida en que evoca a millones de otros.*

(Augé, 1994: 106)

Identidad anónima, pasajera y solitaria, en la que los vínculos con el prójimo son meros acuerdos fugaces que se diluirán en el momento en el que desaparezcan de la vista el uno del otro. En el *no-lugar* rige la lógica portuaria en la que:

> *mientras espera, obedece al mismo código que los demás, registra los mismos mensajes, responde las mismas apelaciones. El espacio del no-lugar no crea ni identidad singular ni relación, sino soledad y similitud.*

(Augé, 1994: 107)

Dadas todas estas circunstancias, se hace evidente que la temporalidad que rige el funcionamiento en el interior de los espacios de *no-lugar* es el puro presente. Dicho en otros términos:

> *como los no-lugares se recorren, se miden en unidades de tiempo. Los itinerarios no se realizan sin horarios, sin tablas de llegada o de partida que siempre dan lugar a la mención de posibles retrasos. Se viven en el presente.*

> (Augé, 1994: 107)

La experiencia del sujeto, cuando se halla inmerso en estos espacios, se sitúa en el presente perpetuo, ya que no existe el peso de la tradición ni de la proyección del porvenir. Existe un presente perpetuo, que se dilata hasta alcanzar todos los niveles de la historicidad del sujeto y del lugar. No hay ni tradición ni porvenir ni legado, sino mera instantaneidad.

Analizados los rasgos que caracterizan el *no-lugar*, puede apreciarse cómo el hogar, debido a su mercantilización, se convierte paulatinamente en un espacio en el que la permanencia cada vez está en entredicho. La morada, con su posibilidad de ser intercambiada en cualquier momento, pierde su carácter estable y sólido, que facilita la generación de toda una de roles e identidades en los sujetos que configuran el núcleo hogareño.

Ahora bien, si se atiende a la primacía del *valor de cambio* en la casa, se observa que el hogar propugna la posibilidad de *huida* constante, tal y como se comentó, de la permanencia fugaz y efímera. A su vez, provoca que, cada vez más, debido a la necesidad de mantenerla, se generen vínculos pragmáticos —lo que se conoce como los *compañeros de piso*—, cuya finalidad es establecer una determinada relación contractual para, de esta forma, poder ocuparse del mantenimiento del hogar. Sin embargo, esta relación está sujeta a múltiples factores —trabajo de los sujetos que configuran el núcleo hogareño, estancia fugaz, permanente o relativamente permanente en la zona donde se halla la morada...—, y, por ese motivo, suelen ser vínculos pasajeros, con una durada de uno o dos años.

El hogar contemporáneo es un espacio de fugacidad, pero también de ausencia de identidad. Al producirse este flujo constante de sujetos, debido a las diferentes circunstancias que antes se han esbozado, no hay posibilidad de establecer el arraigo, de forjar una identidad plena. Incluso el hogar pasa a convertirse en un espacio en el que se fomenta el anonimato —al ser tan frecuente la estancia fugaz, la relación con el prójimo se convierte en anónima, en homogénea—. La casa, con su mercantilización, se erige en un espacio en el que se rompen los lazos, se fomenta la homogeneidad y el anonimato, propios de la estancia pasajera y contractualista[8]. Se trata de un espacio compartido por un contrato, con lo que la situación hogareña se convierte en frágil y vulnerable.

Estas consideraciones nos conducen a pensar en que, al primar las relaciones teleológicas en los hogares contemporáneos, en última instancia, el sujeto se verá abocado a una existencia solitaria, solipsista, individualista, en la que los lazos de compañerismo y fraternidad hogareña se ponen en tela de juicio por el carácter efímero de la estancia. Soledad causada por la fugacidad de la compañía, por la finalidad pragmática de las relaciones, por la necesidad de desprenderse del hogar dada la situación.

Por consiguiente, este proceso, tan característico de la actitud contemporánea, de mercantilizar el espacio inmobiliario, a lo que nos conduce es a romper con la privacidad propia del hogar, históricamente considerado, con los roles que se forjaban y que se estereotipaban debido a su reforzamiento hogareño. La morada ya no genera identidad puesto que se ha convertido, dada la preponderancia de su valor de cambio, en un espacio de anonimato, relaciones pragmáticas y homogeneidad. Así, pues, en la época contemporánea, al devenir mercancía, el hogar se convierte en un *no-lugar*.

---

8 La mercantilización del hogar no deja de ser un epifenómeno de la mercantilización de todos los ámbitos de la existencia del sujeto. Inclusive, podría afirmarse sin ambages que las propias relaciones humanas no dejan de ser una, dada la preponderancia del sistema capitalista, relación comercial (véase Cruz, M., 2010. *Amo luego existo. Los filósofos y el amor.* Madrid: Espasa). Asimismo, autores del conductismo social como Berk y Homans sostienen que las relaciones personales no dejan de ser un juego de equilibrio entre costes y beneficios.

Fugacidad y pragmatismo

En esta investigación se ha observado cómo, en la época contemporánea, se produce uno de los fenómenos más sorprendentes de la historia de la humanidad: el de la mercantilización del hogar. Si en épocas pasadas lo que primaba era una consideración de la morada en tanto que espacio que demarcaba la privacidad de lo público, así como se encargaba de fomentar los roles e identidades en sus ocupantes, en la contemporaneidad se erige en un espacio de intercambio, que a su vez es intercambiable. En él reinan la fugacidad, la relación pragmática y la ausencia de identidad. Asimismo, la vivienda se erige, en tanto que mercancía, en una fuente de negocio con el que poder obtener unos determinados beneficios.

Sin embargo, a lo que nos conduce esta situación de mercantilización de la casa es al fenómeno del constante flujo, cambio, circulación tanto de las personas como del hogar. Expresado sucintamente, el hogar es ocupado constantemente por sujetos diferentes, y los sujetos habitan viviendas diversas a lo largo de su vida. De ahí que pueda decirse que entramos en un contexto de circulación perpetua, en el que el hombre acentúa su carácter de *metoikesis*, es decir, "el hombre es el animal abocado al cambio de domicilio" (Sloterdijk, P. 2001: 81). Por consiguiente, puede aseverarse sin ambages que:

> *somos, en efecto y radicalmente metoikoi, advenedizos, existencias de tránsito [...], rostros extraños. Tránsitos de oikos a otro marcan la forma del movimiento de la "vida humana" desde el principio hasta el fin.*

(Sloterdijk, 2001: 89)

De modo que:

a la luz de una antropología adventista, 'traslado de morada' es la peculiaridad que aparta al hombre de la generalidad de las formas animales y lo sentencia a la aventura ontológica y, por lo mismo, a la existencia en el movimiento del venir al mundo.

(Sloterdijk, 2001: 91)

Referencias

Agamben, G. (2008). *El reino y la gloria. Por una genealogía teológica de la economía y del gobierno.* Valencia: Pre-textos.

Augé, M. (1994). *Los no-lugares. Espacios del anonimato. Una antropología de la sobremodernidad.* Barcelona: Gedisa.

Cruz, M. (2010). *Amo luego existo. Los filósofos y el amor.* Madrid: Trotta.

Delgado, M. (2007). *Sociedades movedizas.* Barcelona: Anagrama.

Derrida, J. (2003). *Espectros de Marx.* Madrid: Trotta.

Lévinas, E. (2002). *Totalidad e infinito.* Salamanca: Hermeneia.

Marx, K (2002). *El capital.* Barcelona: Folio.

Niño, S. (2009). *El crash del 2010.* Barcelona: De Bolsillo.

Simmel, G. (2010). *Cultura líquida y dinero. Fragmentos simmelianos de la modernidad.* Barcelona: Anthropos.

Sloterdijk, P. (2001). *Extrañamiento del mundo.* Valencia: Pre-textos.

Sloterdijk, P. (2007). *En el mundo interior del capital. Por una teoría filosófica de la globalización.* Madrid: Siruela.

LA COMPLICIDAD ENTRE CIENCIA Y CAPITALISMO
LA AMPUTACIÓN CIENTÍFICA DE LA EXPERIENCIA PLENA DEL INDIVIDUO

La ciencia se encuentra ubicada en un contexto socio-histórico determinado. Por ello, la ideología que impere en dicho contexto, impregnará el quehacer científico hasta sus entrañas. Este hecho puede observarse de forma diáfana en el actual desarrollo científico en el que, para poder gestar e implementar determinados proyectos científicos, es necesaria, en última instancia, la complicidad político-coeconómica del país.

Para analizar cómo el desarrollo capitalista tiñe el devenir científico, el estudio focalizará su atención en un aspecto determinado de la relación entre la ciencia y el sujeto: el abordaje que la disciplina científica acomete de la experiencia del individuo. Ahora bien, para apreciar este fenómeno, se centrará la explicación en cuatro de las propuestas que han abordado la problemática con mayor hondura, a saber: los planteamientos de la interacción ciencia-sujeto de Marcuse, Adorno, Horkheimer y Lukács.

Marcuse: totalitarismo científico

Desde los albores de la humanidad, el quehacer científico siempre ha sido considerado a la sazón de unos parámetros ahistóricos. Es decir, el paradigma científico parecería escaparse de las garras de la historicidad ya que su abordaje radicaba en la exhumación de leyes universales y sempiternas. Por ejemplo, si nos retrotraemos a las propuestas de los *físicoi* presocráticos, o a Platón y Aristóteles, la ciencia se define por tener un carácter atemporal, eterno y, por consiguiente, por su absoluta independencia de los devenires histórico-sociales.

Ahora bien, con la irrupción de la propuesta de Marx, la consideración de la disciplina científica virará su rumbo para pasar a definirse en términos exclusivamente históricos. La cientificidad es hija de una sociedad determinada, así como dotada de unos rasgos ideológicos infranqueables. Por consiguiente, si el marco ideológico de una sociedad traza como esenciales los criterios de eficiencia, productividad y eficacia, la disciplina científica abordará sus problemáticas, así como desarrollará su quehacer, a la sazón de dichas prerrogativas.

Este fenómeno puede observarse sin ambages en el tratamiento que la cientificidad contemporánea lleva a cabo acerca de la *experiencia del sujeto*. Si seguimos las propuestas de Marcuse, se observará cómo tomará las riendas de todos aquellos autores que, como Hölderlin, Keats, Schiller y Benjamin, critican la *experiencia cosificada*, que ejecuta el discurso cientificista, afirmando que el sistema de producción capitalista imperante, y todas las instancias sociales que le sirven de apoyo (y, entre ellas, la ciencia es la disciplina que goza de un mayor reconocimiento), determinan las aspiraciones, necesidades y experiencias individuales.

El sistema económico que se sustenta en las bases del capitalismo opera, mediante la coordinación técnico-científico-económica, en la manipulación de la experiencia del sujeto. Esta *manipulación del experienciar*, que responde a intereses privados creados por el sistema, impide que el sujeto pueda llevar a cabo una auténtica experiencia y, por consiguiente, cimentar una oposición efectiva contra la situación represiva imperante. De ahí que Marcuse asevere la tendencia de la "sociedad industrial contemporánea al totalitarismo" (Marcuse, 2005: 32)[9], en tanto que *introyecta* los intereses que genera el sistema capitalista para garantizar su perpetuidad.

El resultado de esta *introyección* estriba en que la subjetividad se encuentra invadida por la realidad tecnológica, lo cual genera la necesaria identificación del hombre con la sociedad. Esta *mímesis* de sujeto y sociedad origina, como se apuntó, que toda experiencia subjetiva pase a ser experiencia *provocada* por el orden social. Se rompe la dicotomía entre *esfera pública-esfera privada* en tanto que la sociedad, y sus intereses, se yergue en *la única esfera*.

Con ello se gesta un nuevo estado de *alienación*, en el que única-mente existe una dimensión objetiva: el sistema productivo-social del capitalismo. En este horizonte de *alienación universal*, el predo-minio del discurso conceptualista y experimental de la disciplina científica, es patente. Para Marcuse, el discurso científico tiene el objetivo de *cosificar* la experiencia del sujeto, convirtiéndola en toda una serie de ideas fijas, objetivas y estereotipadas, que pueden ser requeridas en cualquier momento y lugar, por parte del sistema pre-dominante. Más aún, esas ideas únicamente serán útiles si pueden encuadrarse dentro de las necesidades del sistema. Todas aquellas experiencias que no puedan reconciliarse con los intereses sociales deberán ser rechazadas y eliminadas de la circulación *experienciante* del sujeto.

Dada esta situación de *unidimensionalidad*, en la que el discurso científico es un producto y, por consiguiente, responde a los inter-eses del aparato productivo, se hace evidente su incapacidad para

---

9 Esta idea, más adelante, la volveremos a encontrar en el discurso de Adorno y Horkheimer. Nuestro estudio se reserva, cuando alcancemos estos autores, una explicación más extensa y pormenorizada, dentro de los límites de la investigación.

poder abarcar la verdadera experiencia del sujeto. Lejos de intentar captarla, como se ha destacado con anterioridad, la función de la disciplina científica es falsear y eliminar, si es preciso, la experiencia de la subjetividad. De esta manera, la ciencia se erige en garante del sistema represivo del experienciar subjetivo originario y, por consiguiente, posibilita la perpetuación de las condiciones sociales existentes.

Si la ciencia es parte y garante de la *administración total de la existencia*, el lenguaje no le anda a la zaga, tanto es así que:

> en este mundo, las palabras y los conceptos tienden a coincidir, o, mejor dicho, el concepto tiende a ser absorbido por la palabra. Aquel no tiene otro contenido que el designado por la palabra de acuerdo con el uso común y generalizado, y, a su vez, se espera de la palabra que no tenga otra implicación que el comportamiento (reacción) común y generalizado. Así la palabra se hace 'cliché' y, en tanto en cuanto 'cliché', domina al lenguaje hablado y escrito.

(Marcuse, 2005: 117)

Es decir, que el lenguaje se convierte en mero aparato social[10], incapaz de apresar la especificidad e inconmensurabilidad de la experiencia plena del sujeto. El lenguaje pasa a ser operacional, funcionalizado, capaz únicamente de identificar la realidad con la función que desempeña.

---

10 Para Marcuse, el discurso se encuentra tan apegado a los intereses del sistema que es capaz de destruir cualesquier otro discurso que no se desarrolle en sus propios términos. De ahí que asevere que el lenguaje se inscribe sobre la base de la *provechosa destructividad*. El lenguaje tiene expresividad a partir de construcciones que imponen sobre el receptor el significado sesgado y resumido, el desarrollo del propio contenido, así como su aceptación en la forma en que es ofrecido.

La única vía de escape hacia una aproximación a la experiencia originaria del sujeto radica en la liberación de *la lógica de la dominación* del aparato productivo capitalista, y en alcanzar un cierto grado de *autodeterminación*. Solamente en este contexto es posible que vuelva a emerger el *pensamiento dialéctico*, capaz de penetrar en la verdadera naturaleza de las cosas, un discurso que vaya más allá de la mera identificación entre *cosa y función*, así como una aproximación auténtica a la experiencia originaria del sujeto.

Adorno y Horkheimer: racionalización científica de la experiencia

Este planteamiento de Marcuse será profundizado y desarrollado por Adorno y Horkheimer. Para ambos, el pensamiento científico se encuentra al frente del proceso de alienación de la auténtica experiencia del sujeto, tal y como apuntaba Marcuse. Al dominar la lógica de la racionalidad científica, la experiencia del sujeto se cosifica para convertirse en un elemento más del sistema de cosas del mundo, las cuales se encuentran al servicio de la perpetuación de la dominación social.

El proyecto ilustrado, que consistía en el desencantamiento del mundo *(Entzauberung der Welt),* pretendía derribar cualquier explicación mitológica de la realidad, para abrazar una descripción científica de la misma. Ahora bien, el reverso de este rechazo mitológico es que toda naturaleza (sobre todo, la realidad trascendente al sujeto, pero aquí también entra en juego la propia naturaleza interna y, por consiguiente, su propia experiencia) para a ser vista como un medio de dominio. Cualquier entidad de orden natural pasa a ser un instrumento que está a la mano para poder saciar los fines del hombre. De manera que, con el establecimiento de la ciencia moderna, la experiencia del sujeto solo es vista en términos de configuración formal, de regla sujetada a los dictámenes de la probabilidad. Expresado en otros términos, "de nuestro universo han de desaparecer olores, sabores y sonidos, que no son más que 'impedimentos de la materia'" (Cruz, 1988: 42). Ahora bien, este mundo de la experiencia es un mundo falseado, pura *ideología*, puesto que:

> *con un mundo a la medida de las matemáticas, las cuentas siempre salen. Todo irá bien, pues, mientras tengamos espíritu contable y nos apliquemos a considerar lo matematizable. Dicho de otra forma, esta ciencia funciona: alcanza los objetivos propuestos.*

(Cruz, 1988: 42)

El mundo queda reducido a mero registro de datos y cálculo de probabilidades. En ese contexto, la lógica formal se convierte, junto con la matemática, en el auténtico lenguaje de la experiencia del sujeto ya que ofrece el esquema perfecto de la calculabilidad del mundo. Por consiguiente, su ideal de operatividad es el *sistema* del que todas las cosas se derivan.

Aquí es donde radica el error de la ciencia, para nuestros autores, ya que "no está a la altura de la realidad. Su error radica en la pretensión de considerar realidad a sus esquemas, en la fetichización de métodos y técnicas" (Cruz, 1988: 43). Pero la ciencia hace oídos sordos ante las quejas de la realidad y actúa de una forma *totalitaria*. Y, como buen totalitarismo, primero atomiza al sujeto, al otorgarle una identidad y una capacidad de experienciar inconmensurables pero, por otro lado, lo iguala al resto de sujetos al considerarlo *sujeto experimental*. Así considerado, la subjetividad y la experiencia que tiene esta pasan a ser meras incógnitas de una función que debe resolverse a base de *experimentación*. Consiguientemente, el individuo queda determinado solo como cosa, como elemento estadístico,

como éxito o fracaso. Su norma es la autoconservación, la acomo-
dación lograda. La *cosificación de la experiencia* tiene como consecuencia el empobrecimiento de la forma de experienciar del sujeto. La
experiencia se vacía de sentido, y en ella abunda la incapacidad de
escuchar con oídos propios aquello que aún no ha sido oído.

En particular, y si ahora seguimos las directrices que apunta
Horkheimer, el problema se halla en el paso de la *razón objetiva*,
propia de la Antigüedad, en la que reinaba una comunión entre
razón-naturaleza-verdad, a la *razón subjetiva,* con la que se transita
exclusivamente por el campo de los medios y fines.

La *razón objetiva,* cuya plasmación se encuentra en el discurso
socrático, debe ser entendida en tanto que:

> *inteligencia capaz de un discernimiento universal, determinar las convicciones y
> regular las relaciones entre hombres y entre hombre y naturaleza.*

(Horkheimer, 2002: 51)

Para Sócrates, según Horkheimer, la razón no hacía referencia
a la visión parcial y exclusiva que impregna la actualidad del concepto, sino que, más bien, aludía a una verdadera expresión de la
naturaleza de las cosas. Dicho en otros términos, el lenguaje de la
razón y de sus juicios no hacía referencia a meras convenciones ni
a nombres, sino que se trataba de entidades que, al compartir la
esencia de la naturaleza, eran capaces de reflejar la verdadera entidad de las cosas[11].

---

11 En este punto, el discurso de Horkheimer (ya que todas las cuestiones de la
razón objetiva contra la *razón subjetiva* son obra exclusiva de Horkheimer –otro
debate es que Adorno comulgase *im Geist* con estas tesis) se podría incluir en las
tesis generales de la visión romántica. En particular, esta ligazón se encuentra en

De este modo, podría decirse que:

> *el concepto de razón objetiva puede caracterizar precisamente este esfuerzo y esta capacidad de reflejar un orden objetivo semejante.*

(Horkheimer, 2002: 52)

En tanto que tiene esta función, puede considerarse como *pensamiento dialéctico,* en tanto en cuanto el desarrollo cognoscitivo reflejará fielmente la dinamicidad de lo real, al compartir los mismos rasgos ontológicos.

Ahora bien, a partir de la separación entre razón y religión, por un lado, y de la estipulación del conocimiento científico, como el principal modo de ocuparse de la realidad (interna y externa), que se establece a raíz del paradigma cartesiano-newtoniano, por otro lado, la racionalidad pierde su autonomía e inicia su proceso de formalización. Al producirse este fenómeno, la razón, tal y como ya se destacó anteriormente, se convierte en mero instrumento que pasa a formar parte del proceso social.

Expresado en otras palabras:

> *su valor operativo, el papel que juega en el dominio de los hombres y de la*

---

el fenómeno que para ambos planteamientos, el pensamiento griego, previo a la irrupción del paradigma platónico, no deja de ser un estado ideal de la naturaleza humana, en tanto en cuanto existe una unión esencial entre razón, naturaleza y pasiones. En este estadio primigenio no habría ninguna separación entre mundo y hombre en tanto en cuanto ambas entidades comparten la misma naturaleza, el mismo principio constitutivo (αρφε, *arkhé).* Es curioso ver la profunda relación entre autores como Montaigne, Keats, Leopardo, Hölderlin, Husserl, Heidegger y Horkheimer en la reivindicación de esa etapa originaria y privilegiada.

naturaleza, ha sido finalmente convertido en un criterio único. Los conceptos, por su parte, pasaron a verse reducidos a síntesis de rasgos comunes a varios ejemplares. En la medida en que designan una similitud, los conceptos se liberan del esfuerzo de enumerar cualidades, sirviendo así para organizar mejor el material del conocimiento.

(Horkheimer, 2002: 58-59)

De esta manera, Horkheimer profundiza en la tesis, que ya defendió junto con Adorno, sobre el carácter formalista, técnico y dominador de la racionalidad científica. Según su planteamiento, cualquier modalidad de racionalidad, que no se ajuste al mero análisis y síntesis técnico de la facticidad, debe ser considerado como un reducto de pensamiento supersticioso. De ahí que:

los conceptos se han convertido en medios racionalizados que ahorran trabajo, ya que no ofrecen la menor resistencia. Es como si el pensamiento mismo se hubiese quedado reducido al nivel de los procesos industriales, sometido a un plan exacto y convertido, en una palabra, en un elemento fijo de la producción.
(Horkheimer, 2002: 59)

En este contexto, el lenguaje no puede escaparse de esta *lógica formalista* y pasa a ser un instrumento entre otros. El significado deja de ser la expresión y manifestación de la naturaleza, para pasar a ser:

la función o el efecto en el mundo de las cosas y de los acontecimientos. Tan pronto como las palabras no son claras y abiertamente usadas para sopesar probabilidades técnicamente relevantes, o están al servicio de otros fines prácticos, entre los que figura el propio solaz, corren el peligro de resultar sospechosas de no ser otra cosa que charlatanería vacía, puesto que la verdad no es un fin en sí mismo.

(Horkheimer, 2002: 51)

En particular, para Horkheimer, en este caso, la degeneración del lenguaje, que va de la *lógica de la verdad,* propia de la etapa en la que imperaba la *razón objetiva,* a la *lógica de la probabilidad,* a raíz de la *razón subjetiva,* es producto del dominio del pragmatismo. Con James y Dewey a la cabeza, el enunciado pasa a exponer únicamente una expectativa que tendrá mayor o menor grado de probabilidad. De modo que la *predicción* se convertirá en el rasgo esencial, no únicamente del cálculo y del lenguaje, sino también de toda forma de pensamiento.

Con esta perspectiva, únicamente existe una autoridad: la ciencia, que se concibe como la disciplina que se encarga de clasificar hechos y calcular probabilidades. Clasificación y cálculo son los dos rasgos que definen la ciencia moderna, tal y como se observó. A su vez, ella es la instancia que determina el tipo de experiencia que únicamente tiene validez: el *experimento*. Solamente aquello que puede ser registrado y cuantificado debe denominarse experiencia. Por consiguiente, aquello que se escape de la *lógica de la experimentación* debe ser eliminado y tildado de superchería.

Ahora bien, la ciencia no deja de ser otra cosa que un elemento más del proceso social. De manera que únicamente puede ser entendida si se la pone en relación con la sociedad para la que funciona. Dicho de otra manera, la disciplina científica, lejos de ser un universo independiente del orden social, es un producto de esta y, en tanto que producto, sirve a sus fines. De ahí que la ciencia, en tanto que expresión de los fines de la sociedad, tenga una visión puramente represora. La ciencia es *ideología* y su objetivo no es otro, en última instancia, que convertir el pensamiento en ideas estereotipadas que, por un lado, sean utilizables como instrumentos puramente utilitarios y, por otro lado, sean objeto de una fanática devoción. En ambas, el pensamiento pierde su dinamismo, espontaneidad, fluidez, y adolece de la falta de su carácter representativo de la experiencia originaria del sujeto, que se fundamentaría en su inextricable unión con la naturaleza.

La ciencia, con su racionalización de la experiencia del sujeto:

> *como resultado final del proceso tenemos por una parte el sí-mismo, el yo abstracto, vaciado de toda substancia que no sea su intento de convertirlo todo, en el cielo y en la tierra, en un mundo para su conservación y prevalecimiento; y, por otro, tenemos una naturaleza vacía, degradada a mero material, a mera materia prima, que ha de ser dominada sin otro fin ni objetivo que el dominio mismo.* (Horkheimer, 2002: 119)

La única forma que tiene el individuo de poder acercarse, de nuevo, a su experiencia prístina y, por consiguiente, libre de toda determinación conceptual, estriba en que la razón ejercite una *autocrítica*. En ella deben quedar asentadas dos cuestiones de ingente relevancia: por un lado, debe considerarse que la relación antagónica entre la razón y la naturaleza ha alcanzado una situación aporética y, por otro, que en el estado de absoluta alienación del sujeto, la idea de verdad todavía tiene una vigencia y pude ser abordada.

La filosofía debe ser la encargada de señalar estas dos cuestiones para poder ser la impulsora y garante de esta *autocrítica de la razón*. Únicamente a partir de estas cuestiones el lenguaje podría volver a cumplir su función *mimética* y, por ende, volver a reflejar las tendencias naturales y originales de la experiencia del sujeto. No obstante, si la filosofía pretende gozar de este estatuto privilegiado para con la experiencia de la subjetividad, deberá asumir una doble actitud: En primer término, deberá dejar aparcada la pretensión de ser considerada como la Verdad suprema, y, en segundo lugar, deberá reconocer el trasfondo social de las ideas culturales, las cuales son portadoras de un cierto contenido de la verdad.

Asimismo, esta doble actitud podría relacionarse y ser leída en términos de la relevancia de la *negación*: Negación de las pretensiones absolutistas de la ideología dominante, por un lado, y, por otro lado, negación de las pretensiones insolentes de la realidad.

Lukács: Historicidad científica

Ahora bien, si la cientificidad es histórica, por un lado, y defiende a ultranza la reducción materialista y cuantitativa de todos los fenómenos de la realidad, por otro lado, resultará evidente que esta perspectiva imperante será propia de su carácter histórico. En particular, y si seguimos las tesis de Lukács, este afán en el que:

> *los fenómenos se reducen a su ser puramente cuantitativo, expresable con número y relaciones numéricas [...] corresponde a la esencia del capitalismo producir los fenómenos de ese modo.*

(Lukács, 1969: 7)

Dicho en otras palabras, para Lukács es propio de la infraestructura económica de la sociedad, que caracteriza nuestro periodo histórico, el hecho de generar una determinada visión acerca de nuestra modalidad de relación con la realidad. Y en nuestra época, el imperio hegemónico del capitalismo conduce a considerar lo real y la experiencia como algo puramente conceptual, cuantitativo y nomológico. No obstante:

esta tendencia del desarrollo capitalista va, empero, todavía más lejos. El carácter fetichista de las formas económicas, la cosificación de todas las relaciones humanas, la ampliación, siempre creciente, de una división del trabajo que descompone de modo abstracto-racional el proceso de producción, sin preocuparse de las posibilidades y capacidades humanas de los productos inmediatos, etc., transforma los fenómenos de la sociedad y, justo con ellos, su apercepción.
(Lukács, 1969: 7)

Por ese motivo, a la sazón del dominio capitalista, para nuestro autor se acrecienta la especialización de la realidad, así como de sus diversos campos de estudio. La riqueza de lo real parece descomponerse por el dominio del capitalismo, que impulsa una parcialización y burocratización del saber. De ese modo, si el conocimiento se convierte en una tarea burocrática, la metodología cuantitativa, propia de la cientificidad, se erigirá en la principal arma para abordar dicha realidad parcelada.

No obstante, este ideal científico, que emerge previamente de las raíces capitalistas, pero que se consolida y acrecienta a la sazón de ellas, no deja de ser un arma ideológica para mantener la configuración social existente. Expresado en términos de Lukács:

es vital para la burguesía entender su orden productivo como si estuviera configurado por categorías de atemporal validez, y determinado para durar eternamente por obra de leyes eternas de la naturaleza y de la razón; y, por otra parte, estimar las inevitables contradicciones no como propias de la esencia del orden de la producción, sino como meros fenómenos superficiales.

(Lukács, 1969: 12)

Ese es el objetivo de las determinaciones cuantitativas de la cientificidad contemporánea, para Lukács: presentar las formas fetichizadas de la objetividad, y sus categorías explicativas, como esencialidades suprahistóricas. La ciencia solo es capaz de transitar por la superficialidad de lo real y, por ese motivo, fetichiza la objetividad y establece su explicación de esta a la sazón de su carácter normativo y nomológico. Consecuentemente, la ciencia, para nuestro autor:

> *cuanto más desarrollada y más científica sea, tanto más se convertirá en un sistema formalmente cerrado de leyes parciales y especiales, para el cual es metódica y principalmente inasible el mundo situado fuera de su propio campo, y, con él, también, y en primer término, la materia propuesta para el conocimiento, su propio y concreto sustrato de realidad.*

(Lukács, 1969: 113)

Sin embargo, esta necesidad de establecer conexiones legaliformes en la realidad se sustenta en la artificialidad de la metodología científica para alcanzarlas. Dicha artificialidad se gesta en que el:

> *experimentador produce un medio abstracto artificial con objeto de poder observar la manifestación imperturbada de las leyes en estudio, sin que le estorben elementos irracionales inhibidores, eliminando estos tanto por el lado del sujeto como por el del objeto. El experimentador se esfuerza en reducir, en la medida de lo posible, el sustrato material de su observación a lo "producido" de forma puramente racional, a la "materia inteligible" de la matemática.*

(Lukács, 1969: 146)

Otro de los problemas de la ciencia, en tanto que sistematicidad nomológica y racionalista, radica en la facticidad, en lo dado para la experiencia, y en su posibilidad de tratamiento. De esta manera, para el discurso lukácsiano, o bien el sistema reconoce que lo dado penetra en la estructura de las formas de una manera determinante y, consiguientemente, "el sistema tiene que abandonarse como tal sistema" (Lukács, 1969: 129), o bien el sistema racionalista-cientificista pasa a ser un mero registro de la facticidad:

> *una descripción, lo más ordenada posible, de hechos cuya conexión, empero, ya no es racional, o sea, no es ya sistematizable, aunque las formas de sus elementos sean racionales en el sentido de adecuadas en el entendimiento.*

(Lukács, 1969: 129)

Frente a esta perspectiva, Lukács, al igual que Marcuse, Adorno y Horkheimer, plantea la alternativa de un *pensamiento dialéctico* que se encargaría de desgarrar ese velo de Maya de especialización, división y presunta facticidad radical de lo real. La *dialéctica* ataca estructuralmente la concepción científica contemporánea de la experiencia de lo real, en primer término, puesto que:

> *pasa por alto que ya la enumeración más simple, la acumulación de hechos sin el menor comentario, es una "interpretación": que ya en esos casos los datos han sido captados desde una teoría, con un método, tomándolos de la conexión vital en la que originariamente se encontraban, arrancándolos de ella e insertándolos en la conexión de una teoría.*

(Lukács, 1969: 6)

De una forma análoga a autores como Feyerabend, Popper y Vattimo, todo ocuparse de la realidad no deja de ser una interpretación de la misma y, por consiguiente, se halla impregnada de prejuicio, valores, o, dicho en terminología heideggeriana, hay una *precomprensión* de aquello que queremos abordar. El pensamiento dialéctico tiene en consideración este fenómeno esencial de la relación entre la cientificidad y la realidad. Sin embargo, en segundo término, la dialéctica, junto con esta precomprensión del objeto de estudio, pretende extirpar de raíz la presunta parcialización y burocratización de la experiencia, así como su correlato científico. Expresado en otras palabras:

> *mientras que la dialéctica, que frente a esos hechos y esos sistemas parciales aislados y aisladores subraya la concreta unidad del todo, y descubre que esa apariencia es precisamente una apariencia —aunque precisamente necesariamente producida por el capitalismo—, parece una mera construcción.*

(Lukács, 1969: 7)

Como se ha venido observando en este epígrafe, para Lukács el verdadero problema del ideal cientificista de la realidad y la experiencia no deja de ser su olvido del carácter histórico del objeto de estudio. Esa historicidad factual, asimismo, se observa en dos sentidos: en primer término, en su ininterrumpido proceso de transformación y devenir y, ulteriormente, en que la estructura de su objetividad no deja de ser un epifenómeno de una determinada época histórica (en nuestro caso, el capitalismo). La presunta objetividad de lo real se halla, en el fondo, configurada y vehiculada por toda una serie de mediaciones históricas que imposibilitan su consideración ontológica como *presencia completa*.

Empero, la dialéctica no solo se encarga de destacar la esencial imbricación de la totalidad de lo real, así como del carácter histórico de lo experienciable, sino que, además, ataca la presunta estabilidad y eternidad de las categorías del pensamiento conceptual. Es decir, la metodología dialéctica pretende:

> *desgarrar el velo de eternidad de las categorías, tiene que disolver también su validez cósica, con objeto de despejar el camino al conocimiento de la realidad.* (Lukács, 1969: 17)

Lukács, para ejemplificar este anquilosamiento conceptual, se nutre de la descripción cuantitativa de lo real que ejecuta la disciplina económica contemporánea. Para nuestro autor, en la totalidad de categorías económicas, que establece el discurso economicista, se manifiesta:

> *la relación entre los hombres en un estado determinado de su desarrollo social, puede entenderse el movimiento de la sociedad humana misma según leyes internas, como producto de los hombres mismos y como producto de fuerzas que, aunque nacidas de sus relaciones, se han sustraído a su control.*
>
> (Lukács, 1969: 17)

La verdadera cuestión que se halla en juego es una cierta *mitología del concepto* que, para nuestro autor, se yergue en una expresión intelectualizada del fenómeno que el sujeto no ha sido capaz "de captar un dato básico de su existencia, de cuyas consecuencias no se pueden defender" (Lukács, 1969: 21).

El concepto, si pretende tener el estatuto ontológico válido para intentar palpar esa realidad originaria, deberá ser un acto de producción de sentido, así como dotado de una historicidad radical. Dicho en otras palabras:

> todas las categorías según las cuales se construye la existencia humana aparecen como determinaciones de esa existencia misma (y no solo de su conceptualidad), y, por otra parte, su sucesión, su conexión y su vinculación se revelan como momentos del proceso histórico mismo, como característica estructural del presente.
>
> (Lukács, 1969: 177).

Para alcanzar esta historicidad conceptual, el pensamiento deberá ser capaz de cambiar la perspectiva ontológica que considera el ser como una forma inmutable, mutar ese punto de vista caracterizado por la rigidez y fijación ontológica y pasar a un paradigma ontológico en el que los objetos se entiendan "como momentos de la totalidad, esto es, como momentos de la sociedad total que cambia históricamente" (Lukács, 1969: 180).

Esta conceptualidad histórica se encargará del:

> descubrimiento de que los objetos sociales no son cosas, sino relaciones entre hombres, culmina en la plena disolución de estas en procesos. Pero al aparecer así su ser como un devenir, ese devenir no es la abstracta precipitación de un fluir puramente general [...], sino la producción y la reproducción ininterrumpidas de las relaciones que, desgarradas de esa conexión y deformadas por las categorías de la reflexión, aparecen al pensamiento burgués como cosas.
>
> (Lukács, 1969: 200).

Desde el punto de vista categorial la estructura del mundo y de la experiencia del sujeto se articulan como un sistema de formas relacionadas en cambio dinámico. Los conceptos se historizan puesto que la historicidad es precisamente la "historia de la ininterrumpida transformación de las formas de objetividad que configuran la existencia del hombre" (Lukács, 1969: 207).

Referencias

Cruz, M. (1988). *Narratividad: La nueva síntesis.* Barcelona: Península.

Horkheimer, M. (2002). *Crítica de la razón instrumental.* Madrid: Trotta.

Lukács, G. (1969). *Historia y conciencia de clase.* México D. F.: Grijalbo.

Marcuse, H. (2005). *El hombre unidimensional.* Barcelona: Ariel.

LA MERCANTILIZACIÓN DEL VIAJE
LA INDUSTRIA TURÍSTICA

La estabilización del sistema capitalista conlleva una nueva estructuración del tiempo por parte del ciudadano. Emerge la noción del *ocio* y, con ello, toda una serie de propuestas que se encargan de ofrecer un *continuum* de productos, así como generar necesidades que el ciudadano previamente no tenía. En el contexto turístico emerge la práctica de *turismo masivo* en el que lo primordial es movilizar el máximo número de consumidores posibles. Con ello, lo cuantitativo pasa a ocupar el centro de la industria turística, dejando de lado aspectos tan esenciales como puede ser el de la experiencia del turista. En cierto modo, el turismo de masa banaliza la experiencia del sujeto. Para contrarrestar las diversas consecuencias negativas que acarrea el turismo tradicional masivo, surge el *turismo emergente*, enfatizando aspectos cruciales como la solidaridad, responsabilidad, aceptación cultural y sostenibilidad, así como el *turismo cultural*, en el que lo importante será la experiencia y la autenticidad del contacto con la población y cultura autóctonas.

Sin embargo, tal y como se abordará a continuación, estas nuevas tipologías de *turismo emergente y cultural*, fruto de la implementación de la lógica capitalista, pueden llegar a caer en una nueva forma de turismo de masas y, por ende, no se escabullen de las garras de la industria del ocio. De manera que se analizarán las diversas consecuencias que podrían extraerse de esta caída (anhelo de la máxima cantidad posible de consumidores en detrimento de la calidad del servicio, valoración exclusiva en términos económicos de la actividad, olvidándose de los aspectos experienciales del turista...), así como los posibles puntos de fuga que tiene para seguir ofreciendo una modalidad turística de calidad, alejándose de las exclusivas exigencias capitalistas.

Coordenadas de la emergencia

El turismo emergente concilia toda una serie de prácticas turísticas coordinadas todas ellas por un núcleo común: hacer frente a las nuevas demandas turísticas, cada vez más concienciadas socialmente, así como a los ingentes impactos negativos del turismo tradicional de masa. Asimismo, como prácticas más representativas de turismo emergente pueden apreciarse el turismo sostenible y el responsable (Rubio Gil, 2003).

Según la OMT, el turismo sostenible hace referencia al turismo que tiene plenamente en cuenta las repercusiones actuales y futuras, económicas, sociales y medioambientales para saciar las necesidades de los visitantes, de la industria, del entorno y de las comunidades anfitrionas. Asimismo, para el Programa de las Naciones Unidas para el Medio Ambiente (UNEP, en sus siglas en inglés) deben cumplirse tres requisitos: 1. uso óptimo de los recursos ambientales, manteniendo los procesos ecológicos básicos y ayudando a conservar el patrimonio cultural y la biodiversidad; 2. respetar la cultura de las comunidades anfitrionas, y 3. inversiones viables en el turismo sostenible (Rubio Gil, 2003).

Hay diversas razones que determinan la irrupción del fenómeno del turismo sostenible. El consumidor, cada vez más concienciado ecológicamente, reclama un producto turístico más respetuoso con el medio, al advertir los perjuicios que genera el *turismo de masas*. A su vez, la práctica del turismo sostenible da prestigio y buena conciencia al turista-consumidor (Rubio Gil, 2003).

Uno de los hitos fundacionales del turismo sostenible se materializó en 1996 con la irrupción de la Agenda 21, es decir, el célebre documento que busca establecer las bases de una promoción completa del turismo sostenible. Algunos puntos que destacar de estos postulados son:

•Los viajes y el turismo deben ayudar a conseguir una vida sana y productiva en armonía con la naturaleza.

•Los viajes y el turismo deben contribuir a la conservación, protección y restauración de los ecosistemas de la tierra.

•Las naciones deberían cooperar para promocionar un sistema económico abierto, en el cual el comercio internacional de servicios turísticos y viajes tenga lugar sobre una base sostenible.

•Las naciones deberán advertirse mutuamente en caso de catástrofe natural susceptible de afectar a turistas.

•El sector turístico deberá respetar la legislación internacional relativa a la protección del medio ambiente.

A su vez, el turismo responsable hace referencia a diversas propuestas que pretenden reducir los impactos negativos del turismo. Dichas propuestas gravitan alrededor de varios ejes de actuación. El primero de ellos estriba en que el turismo responsable debe ser considerado como un movimiento social que, entre múltiples aspectos, defiende el establecimiento de modelos de turismo sostenibles específicos para cada zona, denuncia los impactos negativos que el turismo masivo conlleva históricamente, reclama la responsabilidad de todos los agentes implicados en la práctica turística (turistas, anfitriones, instituciones públicas y privadas, turoperadores...), defiende prácticas solidarias para con la población autóctona... (Rubio Gil, 2003).

En particular, se incluye en el Critical Turn (Giro Crítico) de la investigación sobre el turismo que tiene un explícito compromiso político luchando a favor de la justicia social, equidad y lucha contra la opresión (Rubio Gil, 2003).

Así, pues, tal y como puede verse en estas dos encarnaciones del turismo emergente, esta tipología turística pretende ir más allá de los convencionalismos del turismo de masas, buscando un mayor compromiso, en todos los niveles, tanto con el anfitrión como con el turista. El objetivo no sería otro que el de ofrecer un producto en el que se tienen en cuenta diferentes variables y niveles, que van desde la sostenibilidad del medio hasta la satisfacción de la experiencia del sujeto.

Vender la emergencia

La comercialización del turismo sostenible se ve afectada por una enorme controversia puesto que intenta conjugar dos finalidades contrapuestas. Por un lado, la defensa de la cultura y del ecosistema propios de la comunidad anfitriona pero, por otro lado, se encuadra en el seno de la industria turística y, por ende, busca toda una serie de rendimientos económicos. Por consiguiente, planteada esta dicotomía teleológica, ¿cuál debería ser el objetivo primordial de la práctica turística emergente?, ¿puede buscarse defender la sostenibilidad del medio ambiente, olvidándose de plusvalías, o bien, por el contrario, lo esencial es la rentabilidad económica y, para conseguirlo, revestimos nuestra práctica de una pátina sostenible, ecológica y cultural que haga menos acuciante la pesquisa económica?

La industria turística se ha movido con total celeridad en el momento de buscar y capitalizar nuevas tipologías de turismo. Por ello,

> tanto la empresa privada como los gobiernos apoyan a la industria turística por los beneficios económicos actuales y potenciales que se presentan en forma de beneficios concretos para las empresas que se acumulan en las distintas naciones que se reflejan en el Producto Interior Bruto (PIB).

(Wearing y Neil, 2000: 197)

Por ese motivo, en tanto que fuente y factor económico de ingente importancia, se apuesta por una propuesta de turismo que intente conjugar lo económico con la sostenibilidad, en tanto que nueva forma de mercado turístico. De ahí que se sirvan de tipologías de *marketing* social y ecológico. En particular, el *marketing* ecológico:

> *difiere del tradicional y tiene una estrecha relación con el* marketing *del ecoturismo, ya que supone la comercialización de productos y servicios que ofrecen un rendimiento ecológico positivo a clientes concienciados sobre la importancia del medio ambiente.*

(Wearing y Neil, 2000: 200)

Sin embargo, que se tenga en cuenta la sostenibilidad del ecosistema de la región no significa que se deje de lado la capacidad de generar negocio con ello. Expresado en otras palabras:

> *sería ingenuo dar a entender que las organizaciones que se dedican al* marketing *ecológico no tienen entre sus motivaciones la obtención de beneficios, pero sí es cierto que esos beneficios no representan para ellas la única forma de medir el éxito.*

(Wearing y Neil, 2000: 200)

La principal función del *marketing* ecológico no es otra que problematizar el papel de la estimulación de la demanda del consumidor. De ahí que si el producto daña el medio ambiente, se recomiende que no haya estimulación a la demanda. Ahora bien, como puede apreciarse por doquier, el turismo sostenible, como ejemplo de tipología turística emergente, no cesa de aumentar su volumen. El riesgo que emerge de esa evolución excesiva:

> es que la demanda no sea atendida por operadores pequeños preocupados por el medio ambiente, sino por operadores precedentes del ámbito del turismo de masas, caracterizados normalmente por el interés y la inquietud más bien escasos que despierta entre ellos la ecología.

(Wearing y Neil, 2000: 201)

Dicho en otras palabras, fruto del incesante incremento, en la elección turística del huésped, de destinaciones emergentes, se ve en ellas una fuente, a corto plazo, de ingentes plusvalías. La industria turística, consiguientemente, ve en ello una forma de abrir nuevas vías de mercado turístico. Las empresas destinadas a gestionar tradicionalmente el turismo de masas se revisten de los ropajes sostenibles para vender un producto, en el fondo, con las mismas características de oferta que el primero. Su objetivo no deja de ser otro que el de generar la máxima demanda posible. Ahora bien, esta estrategia de *marketing*:

> se basa en generar demanda máxima, con el fin de obtener rentabilidad a corto plazo, está abocada al fracaso. Si se sobrepasa la capacidad de carga establecida para un enclave, si no se logra conjugar las estrategias relacionadas con la gestión de las instalaciones con las que tienen que ver con el entorno natural que las rodea, o si se atrae a una clientela poco preocupada por la conservación del medio ambiente, los gestores se arriesgan a deteriorar los recursos que concentran precisamente el atractivo en torno al cual se generan las visitas.

(Wearing y Neil, 2000: 203)

Lo ideal, en esta tipología de industria turística emergente, sería establecer, en primer término, la capacidad de carga propia del entorno y, ulteriormente, establecer unas estrategias de *marketing* que se encarguen de alcanzar, pero nunca sobrepasar, dichos niveles de carga máxima. A su vez, dicho límite se debería desarrollar en colaboración con la comunidad anfitriona (gobierno, ciudadanía, empresas locales...). Asimismo, el triunfo de esta tipología de negocio turístico no debería ser exclusivamente cuantitativo, por lo que concierne al número de visitantes a la región anfitriona. Expresado en otros términos:

> *el éxito no se puede medir por el número de personas que visitan el enclave, sino que se deben tomar en consideración los niveles de satisfacción entre los clientes y la probabilidad de que repitan la visita. Se debe tener en cuenta la experiencia total, incluidas las necesidades emocionales de los visitantes, y no exclusivamente sus necesidades funcionales.*

(Wearing y Neil, 2000: 203)

Sin embargo, lo ideal en la mayoría de los casos permanece en la dimensión de lo potencial, sin encarnarse en la factualidad. Y este hecho es el que precisamente acontece con el turismo emergente y la industria generada a su alrededor: el objetivo es atraer el mayor público posible para, de esta manera, generar el máximo beneficio posible. Dado el marco capitalista en el que se inscribe la industria turística, el objetivo principal no es otro que el de maximizar las ganancias bajo cualquier precio. Por ello, se vulneran por doquier los principios básicos de los distintos códigos éticos mencionados con anterioridad, y se pesquisa la competitividad despiadada. En la mayor parte de los casos, la sostenibilidad, la responsabilidad y el ecologismo no dejan de ser otra cosa que un simple *cliché* propagandístico y publicitario, una pátina que reviste y (en)cubre el objetivo fundamental: generar el máximo capital posible.

Turismo cultural: La industrialización de la cultura

Si ahora se dirige la atención al turismo cultural, se observará que la industria cultural se ha erigido en uno de los aspectos fundamentales de la economía de las sociedades actuales. Sus tasas de rendimiento, y los beneficios que reportan, demuestran la ingente rentabilidad. Asimismo, una de las líneas de actuación de esta tipología industrial estriba en la producción de mercancías de consumo masivo. La lógica es aplastante: si se busca rentabilidad, sus productos o servicios deben ser consumidos por el mayor número de consumidores posible.

A su vez, en el seno de esta actividad industrial, se ubica el *turismo cultural,* cuya finalidad radica en ofrecer prestaciones turísticas desde el punto de vista cultural. La principal atracción la constituye el conocimiento de aspectos idiosincráticos de la sociedad anfitriona.

No obstante, en el momento en el que se asumen los parámetros propios de la industria cultural, esta tipología turística puede caer en toda una serie de problemáticas que, a largo plazo, se constituirán en aspectos negativos para su desempeño. Dicho en otros términos, el turismo cultural puede situarse en una suerte de *efecto boomerang* en el que lo que, en la actualidad, son cuantiosas plusvalías, en el porvenir se transforme en acuciantes pérdidas.

La industria cultural y el consumo de masas

El turismo cultural es considerado como aquella tipología turística en la que, primordialmente, el acicate de viajar lo constituye el interés por el patrimonio cultural de la región anfitriona. Por consiguiente, la cultura se erige en un mecanismo efectivo de atracción turística. Sin embargo, en tanto que lo cultural puede jugar este papel, irrumpe la posibilidad de que pase a ocupar un lugar más en el contexto del sistema productivo del país y, por ende, que se defina en términos exclusivamente económicos.

Dicho en otros términos, la práctica del turismo cultural conlleva, por lo que concierne al país generador de políticas que favorezcan su implementación y desarrollo, recaer en la lógica de la *industria cultural* y, por ende, en convertirse en un elemento de consumo de masas.

La cultura no es una instancia aséptica y axiológicamente neutra. Defiende unos intereses determinados (Marcuse, 2005; Žižek, 2010). Y, dentro de la lógica sistémica imperante, la cultura se fundamenta por los criterios capitalistas (Žižek, 2004). Lo cultural se erige en una industria y, como tal, debe regirse por los parámetros capitalistas fundamentales de productividad y competitividad.

Ahora bien, lo propio del fenómeno cultural, en la sociedad contemporánea, radica en que se erige en un *sistema* plenamente homogéneo. La cultura se convierte en un rasgo constitutivo de semejanza y armonía entre sus diferentes manifestaciones y producciones. Este hecho puede columbrarse de forma diáfana con la constitución urbanística de la ciudad global (Sassen, 2013). La estructuración de la ciudad responde a los intereses del capital y, por consiguiente, del mayor rendimiento productivo posible (Delgado, 2007). De modo que:

> *los proyectos urbanísticos, que deberían perpetuar en pequeñas viviendas higiénicas al individuo como ser independiente, lo someten tanto más radicalmente a su contrario, al poder total del capital. Conforme sus habitantes son obligados a afluir a los centros para el trabajo y la diversión, es decir, como productores y consumidores, las células-vivienda se cristalizan en complejos bien organizados.* (Adorno y Horkheimer, 2004: 166)

La cuestión problemática radica en que la cultura se torna en una instancia ideológica, al constituirse como una industria más, dentro del sector productivo de un país. Sin embargo, la aplicación en el sector cultural de los términos productivos industriales conlleva toda una serie de rasgos característicos.

En primer término, impera la *tecnificación en la producción, implementación y difusión de los recursos y productos*. De esta forma, se rompe con la visión, que se instaura en el Renacimiento, del *genio creador de arte y cultura,* para pasar a convertirse en una instancia que se fundamenta en la *producción en serie*. De esta forma, lo que acontece con la importación de los criterios mercantiles en el sector cultural radica en el hecho de que:

> *la técnica de la industria cultural ha llevado solo a la estandarización y producción en serie y ha sacrificado aquello por lo cual la lógica de la obra se diferenciaba de la lógica del sistema social.*

(Adorno y Horkheimer, 2004: 166)

La *estandarización y difusión en masa de la producción* se tornan aspectos esenciales de la industria cultural. Solo debe observarse –tras merodear por el centro de las grandes ciudades, todas ellas cada vez más homogéneas– la producción en masa de productos culturales teóricamente específicos de la región anfitriona, por no hablar de reproducciones, estrategias publicitarias...

Otro de los elementos primordiales de la industria cultural lo constituye el hecho de que enfatiza la *pasividad* del consumidor. La industria cultural efectúa:

> *distinciones enfáticas que [...] sirven para clasificar, organizar y manipular a los consumidores. Para todos hay algo previsto, a fin de que ninguno pueda escapar; las diferencias son acuñadas y propagadas artificialmente.*

(Adorno y Horkheimer, 2004: 168).

El consumidor es estudiado minuciosamente, a la sazón de la investigación de mercados, y pasa a convertirse en un dato estadístico, extirpado de toda especificidad e inconmensurabilidad. Es decir:

> cada uno debe comportarse, por así decirlo, espontáneamente de acuerdo con su "nivel", que le ha sido asignado previamente sobre la base de índices estadísticos, y echar mano de la categoría de productos de masa que ha sido fabricada para su tipo. Reducidos a material estadístico, los consumidores son distribuidos sobre el mapa geográfico de las oficinas de investigación de mercado, que ya no se diferencian prácticamente de los de propaganda, en grupos según ingresos.

(Adorno y Horkheimer, 2004: 168)

Este fenómeno se materializa así ya que la industria cultural, como proceso productivo de objetos de consumo masivo, transita por la *primacía de los efectos*. Lo cultural, con ello, se transfigura en un *espectáculo*. Ahora bien, el rasgo primordial del fenómeno del espectáculo estriba en que no se constituye meramente en una *lógica de la superficialidad*. Lo somero es un punto crucial de la cultura de masas, sin embargo, el espectáculo "no es un conjunto de imágenes sino una relación social entre las personas mediatizado por las imágenes" (Debord, 2003, p. 38). La iconografía, la imagen mimética, se erige en uno de los elementos vertebradores de la industria cultural. La producción en serie siempre radica en la repetición, en la naturaleza mimética donde todo deviene simulacro y nada original (Baudrillard, 1987).

Asimismo, todo se transforma en efecto simulado pero que debe ser consumido y, consiguientemente, trascendido para pasar a ocupar la atención en otro producto. El aspecto crucial radica en la importancia del *movimiento, devenir,* en el consumo del producto cultural. El objetivo es visitar los máximos espacios urbanos y arquitectónicos, idiosincráticos de la población autóctona, en el menor margen de temporalidad posible. Así, pues:

> *todo debe transcurrir incesantemente, estar en movimiento. Pues solo el triunfo universal del ritmo de producción y reproducción mecánica garantiza que nada cambie, que no surja nada sorprendente.*

(Adorno y Horkheimer, 2004: 179)

No obstante, la finalidad de la industria cultural y del consumo masivo de mercancía cultural, consiste en garantizar la *diversión* al consumidor. El poder que goza sobre los consumidores se halla mediatizado por erigirse en garante de diversión. Sin embargo, se trata de un placer ilusorio y generado, que no responde a la espontaneidad del consumidor (Žižek, 2010).

La complicidad del 'marketing' experiencial

Estrechamente relacionado con el anterior rasgo de búsqueda de diversión, se halla la implantación, en la industria turística cultural, de las estrategias de *marketing* experiencial. En la actualidad, para la difusión y promoción de los objetos de consumo masivo, se ha establecido como uno de los procedimientos persuasivos más eficaces el *marketing* de corte experiencial, afectivo, que apela a las emociones así como a la experiencia directa del consumidor. De modo que:

> *Más allá de los equipos y los productos acabados, las industrias del ocio se mueven hoy en la dimensión participativa y afectiva del consumo, multiplicando las ocasiones de vivir experiencias directas. No se trata ya solo de vender servicios,*

hay que ofrecer vivencias, de lo inesperado y lo extraordinario, capaces de generar emoción, proyección, afectos, sensaciones.

(Lipovetsky, 2007: 57)

En este contexto, lo primordial es la capacidad de generar experiencias en el consumidor, como principal reclamo para establecer un vínculo directo con el mismo. La industria cultural, como *industria de la experiencia,* defiende la perspectiva de que el:

hiperconsumidor busca menos la posesión de las cosas por sí mismas que la multiplicación de las experiencias, el placer de la experiencia por la experiencia, la embriaguez de percibir sensaciones y emociones nuevas.

(Lipovetsky, 2007: 57).

De esta manera, el turismo cultural, regido y vertebrado por las dinámicas del *marketing* experiencial, convierte las ciudades en grandes parques temáticos en los que el consumidor-turista puede gozar de la experiencia que previamente le ha sido prescrita que viva. Dicho en otros términos:

las ciudades históricas se convierten en poblados temáticos para responder a las necesidades de "autenticidad" de los turistas ávidos de cosa extranjera, de ambiente local y exotismos folclóricos.

(Lipovetsky, 2007: 57)

Se fragua, consiguientemente, a raíz de la industria de la experiencia, la radicalización de los anteriores parámetros de la industria cultural y consumo de masas, ya que:

> *hemos entrado en una industria de la experiencia que se materializa en un exceso de simulaciones, de artificios hiperespectaculares, de estimulaciones sensoriales destinadas a hacer que los individuos prueben sensaciones más o menos extraordinarias, que vivan momentos emocionales bajo control en entornos hiperrealistas, estereotipados y preparados.*
>
> (Lipovetsky, 2007: 58)

El punto fundamental estriba en que la experiencia tiene que estar absolutamente preparada y condicionada por el producto o marca que se ofrece. Si la mercancía adopta una *personalidad de marca* determinada, debe ser capaz de transmitir todos los valores, experiencias, anhelos al consumidor, que se hallan en consonancia con dicha personalidad. El objetivo no es otro que generar experiencias estereotipadas, artificiales, para el consumidor. Expresado en otros términos:

> *se trata de acceder a una especie de estado mágico o extático totalmente desconectado de lo real, un estado de euforia lúdica cuyo comienzo y cuyo final, como en el cine, están perfectamente cronometrados.*
>
> (Lipovetsky, 2007: 58)

Con ello, lo que se acaba generando es una *banalización de la experiencia* del consumidor, una experiencia reducida a lo meramente cuantitativo y pragmático, a la que se le ha amputado toda complejidad, imaginación y espontaneidad. Así, pues:

la atrofia de la imaginación y de la espontaneidad del actual consumidor cultural no necesita ser reducido a mecanismos psicológicos. Los mismos productos, comenzando por el más característico, el cine sonoro, paralizan por su propia constitución objetiva, tales facultades. Ellos están hechos de tal manera que su percepción adecuada exige rapidez de intuición, capacidad de observación y competencia específica, pero al mismo tiempo prohíben directamente la actividad pensante del espectador, si este no quiere perder los hechos que pasan con rapidez ante su mirada.

(Adorno y Horkheimer, 2004: 171)

La industria de la experiencia prescribe toda reacción del sujeto extirpando toda actividad que requiera esfuerzo intelectual y complejidad reflexiva.

Turismo de masas y capitalismo

Tal y como se ha podido observar, tanto las prácticas turistas emergentes, responsables y culturales, cuya génesis deben ubicarse en su intento de escapar del dominio del turismo masivo que conlleva el desarrollo capitalista, finalmente acaban cayendo en sus garras. La cuestión principal es que, en la actualidad, con las actuales políticas, el turismo cultural y emergente están asimilando los criterios específicos del capitalismo y, consecuentemente, todas las problemáticas que se han tipificado de la industria cultural, por ejemplo, pueden ser aplicadas sin ambages a ambas tipologías turísticas. Producción en serie, estandarización, estereotipia hedonista y banalización de la experiencia son cuestiones que están importando en su quehacer diario.

Por ello, al transitar cada vez más por lo meramente cuantitativo, por la productividad y las plusvalías desbocadas, el turismo emergente y cultural van vaciando de su actividad la carga de sentido que históricamente han tenido, pasando a ocupar un lugar más de la estructura productiva de la sociedad contemporánea capitalista.

Con ello, pierden su capacidad para erigirse en un espacio de generación de auténticas experiencias, dotadas de sentido y propiedad, y pasan a estar en el contexto de producción experiencial estandarizadas y burocráticamente gestionadas. Como se ha observado, se busca una experiencia categorizada, domesticada, pervertida, amputando toda espontaneidad, creatividad, complejidad y reflexividad del turista-consumidor.

Referencias

Adorno, T.; Horkheimer, M. (2004). *Dialéctica de la Ilustración*. Madrid: Trotta.

Baudrillard, J. (1987). *Cultura y simulacro*. Barcelona: Kairós.

Debord, G. (2003). *La sociedad del espectáculo*. Valencia: Pre-textos.

Delgado, M. (2007). *Sociedades movedizas*. Barcelona: Anagrama.

Lipovetsky, G. (2007). La felicidad paradógica. Barcelona: Anagrama.

Marcuse, H. (2005). *El hombre unidimensional*. Barcelona: Ariel.

Rubio Gil, A. (coord.) (2003). *Sociología del turismo*. Barcelona: Ariel.

Wearing, S. y Neil, J. (2000). *Ecoturismo. Impacto, tendencias y posibilidades*. Madrid: Síntesis.

Sassen, S. (2013). *Inmigrantes y ciudadanos. De las migraciones masivas a la Europa fortaleza*. Madrid: Siglo XXI.

Žižek, S. (2004). *Ideología. Un mapa de la cuestión*. México D. F.: Fondo de Cultura Económica.

Žižek, S. (2010). *El sublime objeto de la ideología*. Buenos Aires: Siglo XXI.

LA CONJURA CAPITALISTA
DEL ESPÍRITU DEL MARXISMO

Marxismo(s): Muertos vivientes, exorcismos y conjuras espectrales

La propuesta de recuperación del pensamiento de Marx, en el pensamiento de Derrida, debe inscribirse en el intento neocapitalista de eliminar cualquier resquicio del discurso marxista. Siguiendo el hilo crítico trazado por la escuela de Frankfurt, Derrida penetrará en la pretensión del capitalismo de extirpar de raíz cualquier intento de retomar la figura, el pensamiento y las propuestas marxianas puesto que estas no dejan de ser algo obsoleto, socio-políticamente hablando. Expresado en otros términos, cualquier retorno al marxismo (re)cae en la más estricta futilidad ya que sus presupuestos son instancias anquilosadas y, por ende, se hallan desajustadas a los tiempos contemporáneos.

De ahí que este discurso imperante, ejemplificado en su momento por Fukuyama, pero que hoy en día vertebra la práctica totalidad del imaginario social y político occidental, ve a Marx como un muerto cuyo cadáver debe ser mantenido bajo custodia. Sin embargo, en tanto que corporalidad fenecida, el paradigma capitalista hegemónico debe intentar exorcizar cualquier posibilidad de resurrección marxiana. Cabría la posibilidad, instalados en esta lógica mortuoria, que el cuerpo de(l) marx(ismo) reflotase de su tumba cual zombi. El problema del zombificación estriba en que se trata de una masa corpórea carente de conciencia y, por ende, de espíritu, fuerza y vigor (revolucionario). Expresado en otros términos, el zombi marxista jamás puede causar miedo al capitalismo puesto que, simplemente, se mueve sin rumbo aparente y, en consecuencia, adolece de falta de intencionalidad[12]. Es un retorno que ha perdido todo su espíritu.

Ahora bien, el marxismo no solo podría resurgir de sus cenizas a modo de zombi, sino que, contraria a la anterior aparición, podría emerger su espectro, su espíritu, en cualquier momento. Y es el espíritu, en tanto que ente que asedia al aparecido, la instancia que realmente teme el capitalismo. Por ello, el discurso derridiano centrará su atención en la manera en la que el capitalismo pretende conjurar este espíritu, estos espectros, del marxismo.

De ahí que sea necesario desarrollar toda una lógica del espectro, una fantología, para observar de qué manera el paradigma marxiano sigue asediando al discurso del capital. En primer término, Derrida demarca la realidad del espectro, o (re)aparecido, del espíritu. En particular, el espectro se yergue en una fenomenalidad paradójica puesto que es una incorporación, un *devenir-cuerpo*, una fenomenalización carnal del espíritu. No es ni alma ni cuerpo, sino tanto una cosa como la otra. Se erige en una realidad ontológica dúctil, compleja, desajustada, es la:

> *carne y la fenomenalidad las que dan al espíritu su aparición espectral, aunque desaparecen inmediatamente en la aparición, en la venida misma del (re) aparecido o en el retorno del espectro. Hay algo de desaparecido en la aparición misma como reaparición de lo desaparecido. El espíritu, el espectro, no es la misma cosa.*

(Derrida, 2003: 20)

---

12 Para observar una lúcida analítica a la temática de los zombis y su presencia en la filosofía véase Dennett, Daniel. C. (2005). *Sweet Dreams. Philosophical Obstacles to a Science of Consciousness*. Cambridge: MIT Press.

El espectro es el fenómeno corporalizado, pero carente de carne, del espíritu, y constituye la "intangibilidad tangible de un cuerpo propio sin carne pero siempre de alguno como algún otro" (Derrida, 2003: 21). No obstante, este ente espectral, además, se caracteriza, entre múltiples fenómenos[13], por una disimetría estructural para con el vivo puesto que mira a este sin ser visto. Su mirada adolece de falta de percepción por parte del vivo. A este fenómeno Derrida lo designa *efecto visera*, y designa:

> *esa cosa, sin embargo, nos mira y nos ve verla incluso cuando está ahí. Una espectral disimetría interrumpe aquí toda especularidad. Desincroniza, nos remite a la anacronía. Llamaremos a esto el* efecto visera: *no vemos a quien nos mira.*

(Derrida, 2003: 21)

Expresado en otras palabras, esta realidad espectral se halla allende toda sincronía con el sujeto vivo, permanece antes de la llegada del vivo (incluso puede erigirse en condición de posibilidad del mismo), escabulléndose de toda posible mirada por parte de este. El espectro está ahí sin estar (presente) y sin ser visible.

Presencia no presente, cuerpo no carnal, fenomenalidad sin realidad nouménica que la fundamente, pero que, en tanto que tal,

---

13 Derrida nos habla, independientemente de las características que se apuntarán en esta investigación, de que el espectro se caracterizará por un intento de ontologizar sus restos, por parte de los vivos (lo que denomina como *duelo*). A su vez, deberá destacarse que no existe una generación de espíritus, carecemos de una estirpe que jerarquizaría, a modo de ramificaciones patriarcales y matriarcales, las familias espirituales. Finalmente, Derrida asevera que el espíritu es un ente que trabaja, que modifica la realidad, que produce. Dicho sucintamente, la cosa es trabajo.

debe ser sujeto de una temporalidad. En particular, la temporalidad propia del espectro es el porvenir que procede del pasado, repetición y novedad radical de la primera vez. Empero, esta historicidad espectral debe completarse con el hecho de que:

> *repetición y primera vez, pero también repetición y última vez, pues la singularidad de toda primera vez hace de ella también una última vez. Cada vez es el acontecimiento mismo una primera vez y una última vez.*

(Derrida, 2003: 24)

La historicidad espectral se mueve a partir de la máxima shakespeareana de *the time is out of joint*, o sea:

> *el tiempo está desarticulado, descoyuntado, desencajado, dislocado, el tiempo está trastocado, acosado y trastornado, desquiciado, a la vez desarreglado y loco. El tiempo está fuera de quicio, el tiempo está deportado, fuera de sí, desajustado.*
> (Derrida, 2003: 31)

El tiempo espectral se halla descompuesto, desfragmentado y desarticulado. Lo cual nos conduce a varias direcciones, todas ellas de ingente relevancia. En primer término, dicho desajuste tempóreo nos lleva a la afirmación de una apertura radical, la cual:

> *debe preservar esta heterogeneidad como la única oportunidad de un porvenir afirmado o, más bien, re-afirmado. Ella es el porvenir mismo, viene de él. El porvenir es su memoria.*

(Derrida, 2003: 50)

Para que el porvenir sea auténtico por-venir, debe romperse con la totalidad totalizante del tiempo impropio, expresado en nomenclatura heideggeriana[14], debe extirparse de raíz la homogeneidad dada. Solo de esta forma el tiempo se temporaliza en su radicalidad. Y esa temporalización propia es la propia de la fenomenalidad espectral.

Otras cuestiones a las que nos conduce esta temporalidad son la temática de la herencia (entendida en los términos de levinaseanos de heterogeneidad radical, de disposición que adolece de dialéctica totalizante, puesto que una herencia jamás se re-úne, nunca es unitaria), lo que, a su vez, nos lleva a la temática del *don* (acogida de la alteridad absoluta, la cual, en tanto que tal, se erige en singularidad radical e inconmensurable).

Ahora bien, solo puede heredarse a partir de la *inyunción*. Sin embargo, para que exista tal *inyunción* debe ser necesaria una insistencia que impone y genera un cierto malestar. Dicho de otra manera, este fenómeno nos revela una de las características primordiales del espectro, que, asimismo, emerge de esta estructura temporal que estamos exhumando, a saber: el asedio.

La presencia ausente del espectro (re)aparece, asedia, espectrea al mundo de los vivos. Su estancia entre mortales reviste la estructura del asedio. De modo que, siguiendo el discurso derridiano:

---

14 La analogía en este tramo del recorrido derridiano con la diferenciación heideggeriana entre dimensión tempórea propia e impropia es evidente. En ambos planteamientos advertimos dos planos temporales que, en última instancia, se erigen en el anverso y el reverso de la capacidad decisoria del sujeto: para Heidegger solo la temporalidad propia (ese ente arrojado que asume como la posibilidad más propia su propio no poder-ser) configura la existencia propia del Dasein y, su capacidad decisoria, mientras que para Derrida únicamente la revolución podrá darse en esta temporalidad desajustada.

el sujeto que asedia no es identificable, no se le puede ver, ni localizar, ni atribuir forma alguna; no se puede decidir en él entre la alucinación y la percepción, tan solo hay desplazamientos, uno se siente mirado por aquello que uno no ve.
(Derrida, 2003: 154)

Este asedio que materializa lo inmaterial se gesta en el hecho de que no solo es esa aparición fenoménica, ese ente que ve sin ser visto, sino que también es una búsqueda de redención del espíritu. Expresado en términos de nuestro autor, el espectro no solo se yergue en la:

aparición carnal de un espíritu, su cuerpo fenoménico, su vida decaída y culpable, sino que también es la impaciente y nostálgica espera de una redención, a saber, de un espíritu.
(Derrida, 2003: 154).

La pesquisa de libertad del espectro es lo que determina su asedio constante en el mundo de los vivos. Su necesidad de redención impide una estancia pacífica entre los mortales. Y ese hecho acontece con los espectros del marxismo. Su lógica inherente sigue operando entre los vivos, sigue asediando el desarrollo capitalista desde un más allá que es el más acá, lo más cercano. El comunismo, en tanto que ideal no materializado, sigue incordiando el devenir neocapitalista.

Prueba de ello lo atestiguan los diferentes intentos que ha adoptado dicho discurso hegemónico, por eliminar las propuestas marxistas, por conjurar los espectros de Marx. Es decir, el paradigma dominante tipifica la doctrina marxiana como un elemento anquilosado y aniquilado, una instancia petrificada y derogada, como apuntábamos al inicio. Ve en ella un espectro pasado que, en tanto que tal, ha "demostrado" con creces su ineficacia en la gestión político-económico-social. Sin embargo, el problema que arrastran estos discursos estriba, tal y como se observó con anterioridad al exponer la temporalidad espectral, en que:

> en el fondo, el espectro es el porvenir, está siempre por venir, solo se presenta como lo que podría venir o (re)aparecer [...]. En el porvenir, se oye hoy en día por doquier, es preciso que no se re-encarne: no se le debe permitir que (re) aparezca puesto que ha pasado. Es pasado.

(Derrida, 2003: 52)

El principal problema que tienen estos discursos, que no el único, radica en el hecho de que no son capaces de salirse de la dialéctica *presencia-ausencia, presente pasado-presente futuro*. Expresado en términos heideggerianos, estos discursos transitan exclusivamente por el horizonte de la metafísica de la presencia, olvidándose por completo de que el *efecto de espectralidad*[15] consiste, precisamente, en desarticular dicha oposición, en apostar por la lógica del *acontecimiento*, que excede por completo la estructura binaria *efectividad-idealidad*. Para Derrida, tal y como se ha podido observar, lo que domina por doquier es el carácter elusivo de los fenómenos, el juego especular

---

15 Sería interesante observar de qué manera nuestro autor se inscribe en la tradición del pensamiento, no solo filosófico, que pretende abordar su objeto de estudio eludiendo toda referencialidad a la presencia-ausencia del mismo. Es una tradición que apuesta por estructuras elusivas, horizontes, contextos sociohistóricos, en los que se elimina por completo la posible adecuación plena con el objeto que estudiar. En este sentido, podría establecerse una interesante analogía entre los fenómenos de efecto de espectralidad derridiano y, por ejemplo, el de horizonte en Merleau-Ponty (o lo Real lacaniano, ser-devenir deleuzeano...).

entre instancias no refractarias, la huida de la plena adecuación entre objetos.

Sin embargo, el discurso capitalista es incapaz de ver las cosas desde este punto de *horizonte,* expresado en términos de Merleau-Ponty, y, por ello, pretende conjurar el espectro de Marx. Ahora bien, el fenómeno de la conjura evoca, como poco, dos fenómenos esenciales, a saber: por un lado la conjura se erige en una convocatoria espiritual, una llamada que hace venir lo que *no está ahí,* sin embargo, por otro lado, es un exorcismo, una llamada a la destrucción. Conjurar, por consiguiente, desarrolla una suerte de alianza con el fin de neutralizar una hegemonía o derribar un poder determinado, es una unión exorcizante que intenta, simultáneamente, destruir y negar la fuerza espectral que (re)aparece. De ahí que la estructura crucial de la conjura estriba en la repetición constante, a manera de *incantación,* de que el fenecido se halla bien muerto. Y es en esta estructura en la que se inscribe el *trabajo del duelo* que practican los múltiples discursos dominantes, que pretenden sepultar y exorcizar los restos marxianos: debe, según dichos paradigmas, defenderse y recalcarse el deceso marxista y, en tanto que tal, celebrar enfáticamente el establecimiento del capitalismo como el marco socio-económico imperante y regulador. Dicho en otros términos, este discurso se enmarca en el diagnóstico:

> *en todos los tonos, con una seguridad imperturbable, no solamente el fin de las sociedades construidas conforme a un modelo marxista sino también el fin de toda la tradición marxista, incluso de la referencia a la obra de Marx, por no decir el fin de la historia sin más.*

(Derrida, 2003: 70)

Sin embargo, estos discursos olvidan la existencia de un tercer componente que constituye la conjuración. En particular, a los dos sentidos de la conjuración, debe añadirse un tercer elemento, no menos vertebral que los anteriores, y que hace referencia al:

> *del acto que consiste en jurar, en prestar juramento, por lo tanto en prometer, en decidir, en adquirir una responsabilidad, en suma, en comprometerse de manera performativa. Y de manera más o menos secreta, más o menos pública.*

(Derrida, 2003: 64)

Es la dimensión de la interpretación performativa, de la *hermenéutica ontológica*, expresado en términos de Vattimo y que ulteriormente se abordará, en la que la interpretación transforma aquello mismo que se erige en el objeto que interpretar. De nuevo, volvemos a caer en la cuenta de la apertura radical del fenómeno, de la imposibilidad de la presencia plena, de la completud totalizante (y totalizadora) de los fenómenos. La democracia, de una forma análoga al comunismo, son entidades reguladoras y performativas, una *promesa mesiánica* cuyo cumplimiento es utópico. Es decir:

> *la efectividad de la promesa mesiánica [...] conservará siempre dentro de sí, y deberá hacerlo, esa esperanza mesiánica, absolutamente indeterminada en su corazón, esa realización escatológica con el por-venir de un acontecimiento y de una singularidad, de una alteridad inanticipable. Espera sin horizonte de espera, espera de lo que no se espera aún o de lo que no se espera ya, hospitalidad sin reserva.*

(Derrida, 2003: 154)

Es en este carácter *mesiánico* del comunismo donde debe instaurarse la *Nueva Internacional* ("lazo intempestivo y sin estatuto, sin título y sin nombre, apenas público aunque sin ser clandestino, sin contexto, *out of joint*, sin coordinación, sin partido, sin patria, sin comunidad nacional [...] sin cociudadanía, sin pertenencia común a una clase"[16]), el *Estado de la deuda* y el verdadero *duelo*. Hay la exigencia de una promesa inalcanzable, de una alteridad no totalizante, de otro inabarcable.

En toda esta consideración se halla implícito el ideal de justicia derridiano. Debe hacerse justicia al marxismo (y a la democracia). Sin embargo, la justicia debe ser demarcada del derecho puesto que la primera se refiere a:

> *una experiencia de lo imposible. Una voluntad, un deseo, una exigencia de justicia cuya estructura no fuera una experiencia de la aporía, no tendría ninguna posibilidad de ser lo que es, a saber, una justa apelación de justicia.*

(Derrida, 2002: 39)

El derecho es una fuerza autorizada (es decir, fuerza que se justifica al aplicarse) que se configura a la sazón de capas textuales y modificables y, como tal, es construible (y deconstruible). A su vez, es elemento de cálculo, se rige por una regla, convención o prescripción, a diferencia de la justicia, en la que existen momentos en los que "la decisión entre lo justo y los injusto no está jamás asegurada por una regla" (Derrida, 2002: 39). No hay derecho que no implique, analíticamente, a priori, en su estructura, la posibilidad de ser aplicado por la fuerza, o, expresado en otros términos:

---

16 (Derrida, 2003: 100).

hay ciertamente leyes que no se aplican, pero no hay ley sin aplicabilidad, y no hay aplicabilidad, o enforceability *de la ley, sin fuerza, sea esta directa o no, física o simbólica.*

(Derrida, 2002: 16)

El momento instituyente del derecho (simultáneamente fundador y justificador) implica siempre la posibilidad de una fuerza (tanto realizativa como hermenéutica) así como un reclamo a la creencia. El derecho, por consiguiente, no se halla al servicio de una fuerza, cual instrumento o dispositivo dócil y servil y, por ende, exterior a dicho poder dominante, "sino en el sentido de que el derecho tendría una relación más interna y compleja con lo que se llama fuerza, poder o violencia" (Derrida, 2002: 32). Es decir, el derecho, la ley, prescripción y normatividad jurídica, no se encuentra al servicio de un poder determinado (sea social, económico…) que existiría como fuerza antes que el derecho, e independientemente de él, al que debería someterse o adecuarse según su utilidad. El derecho estructuralmente implica una fuerza.

En cambio la justicia implica una responsabilidad esencial para con el Otro, es la responsabilidad en tanto que hospitalidad para una herencia, de manera que:

la primera justicia que debe ser hecha a la justicia es la de escuchar, intentar comprender de dónde viene, qué es lo que quiere de nosotros, sabiendo que ella lo hace a través de idiomas singulares.

(Derrida, 2002: 46)

La justicia siempre exige y se dirige a singularidades, a la singularidad inconmensurable y específica del otro. Es una responsabilidad que se enmarca en la apertura infinita, en la espera de la llegada del otro, en la imposibilidad del cálculo, de la adecuación, de la presencia plena y absoluta. Es una justicia que rebasa por completo los límites del derecho. Lo justo, en tanto que experiencia de la alteridad absoluta, nunca es presentable, nunca se alcanza al modo de la plena posesión de un objeto que está a la mano *(Zuhandenheit)* sino que es la imposibilidad de conciliación, la espera, la no-adecuación, lo elusivo por excelencia, la referencia que nunca es un referente.

En ese sentido, comunismo es justicia en tanto que idea reguladora no totalizante, en cuanto marco no alcanzable, elemento no totalizante ni totalizador. Es una apuesta por la eliminación de estructuras estables y universales a las que el sujeto debería comprometerse y adecuarse, por lo que escapa a todo dogmatismo. De lo que se trata, en última instancia, es de ser fieles a un espíritu del marxismo, a lo que siempre este ha materializado, a saber: una crítica radical de las condiciones socio-históricas así como una autocrítica. Este espíritu debe demarcarse de otros que lo único que buscan no es otra cosa que su anclaje "al cuerpo de una doctrina marxista, de su supuesta totalidad sistemática, metafísica u ontológica" (Derrida, 2003: 102). Es un marxismo que apunta a:

> *cierta afirmación emancipatoria y mesiánica, cierta experiencia de la promesa que se puede intentar liberar de toda dogmática e, incluso, de toda determinación metafísico-religiosa, de todo mesianismo. Y una promesa debe prometer ser cumplida, es decir, no limitarse a ser "espiritual" o "abstracta", sino producir acontecimientos, nuevas formas de acción, de práctica, de organización.*

(Derrida, 2003: 103)

Esta crítica radical, este carácter hermenéutico del verdadero espíritu de Marx, hace referencia a un movimiento hacia una experiencia abierta al futuro, "al porvenir absoluto de lo que viene, es decir, de una experiencia necesariamente indeterminada" (Derrida, 2003: 104). Es una promesa mesiánica que reclama la herencia y, consecuentemente, la responsabilidad (y la justicia). Es en este horizonte en el que el espíritu de Marx sigue asediando el discurso imperante: el comunismo como ruptura de dogmatismos, ideales absolutos, apostando por una (auto)crítica radical, por una promesa inalcanzable. Expresado en otros términos, la apuesta derridiana por el auténtico marxismo debe entenderse como una apuesta por un *comunismo hermenéutico*.

La (re)aparición del espíritu marxista: El comunismo hermenéutico

El problema que puede tener el discurso capitalista hegemónico estriba en que, expresado en los términos de Derrida,

> *quizá ya no se tenga miedo a los marxistas, pero se teme aún a ciertos no marxistas que no han renunciado a la herencia de Marx, criptomarxistas, seudo o para "marxistas", que estarían dispuestos a tomar el relevo, bajo unos rasgos o entre unas comillas que los angustiados del anticomunismo no están preparados para desenmascarar.*

(Derrida, 2003: 64)

Y es en esta lógica angustiante y elusiva en la que debe ubicarse la propuesta de *Comunismo hermenétucio (Hermeneutic Communism)*, de Vattimo y Zabala. El problema de todas estas propuestas neocapitalistas, que pretenden conjurar la doctrina marxiana, estriba, como en el caso de Derrida, en que se mueven exclusivamente en el terreno de la metafísica de la presencia, donde el ser es determinado como presencia y, en tanto que tal, el pensamiento se convierte en un "simple conjunto de descripciones del presente estado de cosas" (Vattimo y Zabala, 2012: 27), privilegiando, de esta forma, la presencialidad. A lo que nos lleva este énfasis por lo presente no es a otra cosa que a un panegírico del *realismo* y, por consiguiente, "al simple análisis y conservación de los hechos" (Vattimo y Zabala, 2012: 28). Instaurado en esta lógica, el pensamiento se erige en un elemento constatativo más que crítico, pasivo lejos de ser activo. Expresado en otros términos, en realidad:

> *la filosofía no es una recepción despegada, contemplativa o neutral de objetos, sino más bien la práctica de una posibilidad interesada, proyectada y activa. En esta vuelta a la "realidad", a través de la plena neutralización de las diferencias, la filosofía se torna no solo conservadora, sino, además, servidora del poder político más fuerte (en este caso las democracias neoliberalmente emplazadas de estilo estadounidense), que a su vez mantiene la filosofía.*

(Vattimo y Zabala, 2012: 29)

El problema, tal y como apuntó Derrida, y que Vattimo y Zabala comparten, radica en la estrechez de miras del pensamiento hegemónico neoliberal, así como en su violencia impositiva en el instante de instaurar la verdad capitalista y neoliberal, como la *Verdad*. Tras la deconstrucción heideggeriana-derridiana de la metafísica occidental, es inviable hablar en términos de verdad absoluta, plena y totalizante, si no es bajo los presupuestos de la violencia impositiva. De manera que debemos afirmar sin ambages que la verdad es violencia, no solo al dar la espalda a todo lo que no se adecuaría a ella y, por ende, se ubica en los márgenes de lo presuntamente verdadero, sino que, además, por el hecho de que se torna una imposición sobre la propia existencia de los sujetos Y, en último término, el *leitmotiv* de dicha violencia no es otro que "preservar el orden social en el cual ellas mismas se encuentran a gusto, y también lo reivindican a gusto, y también lo reivindican justificándolo" (Vattimo y Zabala, 2012: 33).

Asimismo, la principal herramienta que tiene la doctrina capitalista de imponer dicha violencia no deja de ser otra que el recurso constante al *diálogo*. Dicho en otras palabras, este carácter violento, producto de la imposición de una determinada verdad hegemónica, cuyo único recurso válido para con ella sería la descripción, adecuación y adhesión, se desarrolla:

> *principalmente, por medio del uso del diálogo como la "moralización de la política", es decir, con el intercambio aparentemente pacífico de opiniones; sin embargo, como vemos todos, hasta los diálogos ejemplares de Platón aspiraban a conducir a uno de los dos interlocutores (a menudo el esclavo) a reconocer la verdad que el otro ya conocía desde el principio.*

(Vattimo y Zabala, 2012: 33)

Los diálogos de Platón se erigen en un diáfano ejemplo para observar cómo la lógica dialógica conlleva la sumisión a la verdad y, por ende, una violencia que legitima el sistema dominante en el que se inscribe el diálogo. Por consiguiente, el diálogo es una instancia legitimadora de la dominación en tanto que moraliza la política, conserva los intereses de los poderosos.

De esta manera, la fundamentación, a la sazón del diálogo, de la verdad establece y fija el pensamiento en la interioridad de los límites de una *democracia emplazada*, es decir, "un orden conservador moralizado en el que lo democrático es tan solo aquello que accede legalmente al orden establecido por la metafísica" (Vattimo y Zabala, 2012: 34).

Por ese motivo, nuestros autores contraponen al diálogo la relevancia de la conversación, en la que la verdad queda descartada desde el inicio del intercambio conversacional. Nunca la conversación:

> *es aquello que nosotros nos proponíamos conducir, sino una situación en la que nos vemos inmersos a medida que se desarrolla, representa el mayor enemigo del orden del diálogo: un acontecimiento inesperado.*
>
> (Vattimo y Zabala, 2012: 41)

Así, pues, volvemos a sumergirnos en la lógica espectral derridiana puesto que la conversación representa, para Vattimo y Zabala, ese punto de ruptura con la totalidad totalizadora, erigiéndose en un acontecimiento abierto e impredecible, carente de imposiciones estructurales limitadoras. De manera que:

> *mientras que el conflicto inevitable que tiene lugar en una conversación remite a un anarquismo, un relativismo y una debilidad del pensamiento latentes, las imposiciones del diálogo precisan, en cambio, de un realismo capaz de conservar el orden político.*
>
> (Vattimo y Zabala, 2012: 41)

El realismo, consiguientemente, fundamenta esta política conservadora, al apostar por una realidad efectiva establecida de antemano y, por ende, no modificable. En este contexto, la transformación y cambio son imposibles. Solo hay preservación del orden establecido, generación de una *democracia emplazada* en la que cualquier proyecto revolucionario es calificado de fútil puesto que lo relevante es perseverar en las condiciones de posibilidad existentes.

De ahí que, para eliminar este *realismo dialógico* que legitima el orden económico social existente, nuestros autores apuesten por la hermenéutica, por la interpretación radical. Interpretación que debe ser entendida en términos de producción de sentido(s) más que erigirse en una adecuación a un orden (pre)existente.

Hermenéutica ontológica y de los remanentes del ser

Para entender con profundidad la propuesta política que nos apuntan Vattimo y Zabala, así como su implicación en tanto que uno de los espectros de Marx, debemos introducir algunos puntos clave de la estructura discursiva de ambos pensadores. Por ello, debemos ver la temática de la hermenéutica ontológica de Vattimo así como los remanentes del ser que defiende Zabala.

En particular, para Vattimo, ninguna cosa se da si no es en referencia a un horizonte de sentido que posibilita su propio darse (Vattimo, 1992: 28). Todo se encuentra imbricado en su propio contexto de irrupción, con lo que defender una presunta universalidad de cualquier práctica es caer en una falacia de enorme calado intelectual. De esta manera, puede aseverarse que:

> *no hay nunca un momento en el que la investigación se vuelva a las puras condiciones de posibilidad —del fenómeno, del saber— en sentido kantiano. Si podemos permitirnos un juego de palabras, estamos frente a una situación en que la condición de posibilidad en sentido kantiano se revela inseparablemente conectado con una condición entendida como estado de cosas.*

(Vattimo, 1992: 50)

No hay separación posible entre contextualidad y práctica-producto de ese contexto puesto que hay una imbricación esencial y estructural entre ambas instancias. Ahora bien, la naturaleza ontológica de cualquier contextualidad es que se encuentra abocada a un perpetuo devenir. Consecuentemente, el contexto tiene un carácter ontológico histórico y, por consiguiente, todos los elementos que lo constituyen también gozarán de dicha historicidad radical. Por ello, según Vattimo:

> *la creencia en el yo se remonta, mediante la creencia en la causalidad, a la voluntad de encontrar un responsable del acontecer. La estructura del lenguaje y, ante todo, la gramática de sujeto y predicado, de sujeto y objeto, y, al mismo tiempo, la concepción del ser que sobre esta estructura ha construido la metafísica (con los principios, las causas, etc.), está totalmente modelada por la necesidad neurótica de encontrar un responsable del devenir.*

(Vattimo, 1992: 30)

Si la experiencia del sujeto se caracteriza primordialmente por su dimensión histórica, y, por consiguiente, por una ausencia de parámetros estables sobre los cuales pueda ampararse la explicación, la metodología propia para poder abordar esta dimensión de lo real fluida y fragmentaria no será otra que la *hermenéutica ontológica*. Para nuestro autor, y nuestra investigación, no puede existir ninguna experiencia verdadera y estable sino es como un acto interpretativo. Expresado en otros términos, si queremos ser fieles al estudio de la experiencia deberemos adoptar un método como la *hermenéutica*, el cual:

no es solo una teoría de la historicidad (de los horizontes) de la verdad; ella misma es una verdad radicalmente histórica. No puede pensarse metafísicamente como una descripción de una determinada estructura objetiva del existir, sino solo como respuesta a un envío, lo que Heidegger llama Ge-schick.

(Vattimo, 1995: 43)

Transitando por este sendero metodológico, lo que se puede ofrecer no será en ningún caso una descripción objetiva del estado de cosas existente. Aquí conciliamos lo abordado en la investigación hasta el momento: nunca puede existir una representación de carácter objetivo y conceptual de la experiencia, como mucho:

lo que el pensador hermenéutico ofrece como "prueba" de la propia teoría es una historia, ya sea en el sentido de un 'res gestae' o en el de historia 'rerum gestae', y quizá también, además, en el sentido de una "fábula" o de un mito, ya que se presenta como una interpretación (que pretende validez hasta la presentación de una interpretación competente que la desmienta) y no como descripción objetiva de hechos.

(Vattimo, 1995: 46)

En este tramo del trayecto, confluye a la perfección todos los paradigmas comentados a lo largo de la investigación en la que se defiende la imposibilidad radical de la perspectiva científica en el momento de tipificar el verdadero contenido de la experiencia de la subjetividad. La cientificidad cae en las redes nomológicas, conceptuales y presencialistas, o, dicho en términos heideggerianos, se halla inmersa en la lógica de la *metafísica de la presencia,* ocultando la auténtica experiencia (en el caso heideggeriano, del *Ereignis* propio del ser).

No obstante, si la propuesta hermenéutica pretende ser coherente con su rechazo a esta tipología de la presencia que estipula el discurso heideggeriano, y que caracteriza estructuralmente el acontecer de la cientificidad:

> *no puede presentarse como la interpretación filosófica más persuasiva de una situación, de una "época", y, por lo tanto, de una procedencia. No teniendo evidencias estructurales que ofrecer para justificarse racionalmente, puede argumentar su propia validez solo sobre la base de un proceso que, desde su perspectiva, prepara "lógicamente" una cierta salida.*

(Vattimo, 1995: 48)

Con ello, en ningún caso, se pretende caer, según Vattimo, en un determinismo historicista ya que:

> *los argumentos que la hermenéutica ofrece para sostener la propia interpretación de la modernidad, hay conciencia de que son "solo" interpretaciones, no porque se crea que dejen fuera de sí una realidad que podría leerse de otra manera; sino, más bien, porque admiten no poder apelar, respecto de su propia validez, a ninguna evidencia inmediata: su valor estriba en la capacidad de hacer posible un marco coherente y compartible, a la espera de que todos propongan un marco alternativo más aceptable.*

(Vattimo, 1995: 48-49)

Dentro de esta perspectiva hermenéutica, como se destacó en anterioridad, debe rechazarse acérrimamente cualquier tentativa adecuacionista entre la discursividad y la facticidad. Expresado en términos de *verdad,* esta no es la correspondencia entre el enunciado y la cosa sino que se erige en la apertura esencial en cuya interioridad toda conformidad o disconformidad podría verificarse. No obstante, dicha apertura no debe ser entendida en términos de condiciones transcendentales estables de la experiencia de la verdad, sino que se trata de una "herencia, *yección* histórico-finita, Schicktung, destino, proveniencia" (Vattimo, 1995: 54).

Así, pues, la hermenéutica no puede ser en ningún caso la reivindicación de las ciencias del espíritu por encima de las de la naturaleza. Si ejerciese ese cometido reivindicativo, permanecería anclada en una visión metafísica de la ciencia, de una defensa respecto a un fundamentalismo último. Dicho en otros términos, el pensamiento que se dirige a defender la necesidad de un fundamento explicativo y ontológico último de la realidad y la experiencia sería:

> *como la metafísica es pensamiento violento: el fundamento, si se da con la evidencia incontrovertible que no permite el paso a ulteriores preguntas, es como una autoridad que acalla y se impone sin "dar explicaciones".*

(Vattimo, 1995: 72)

Mostrar la totalidad de lo real como multiplicidad de interpretaciones, así como eliminar las estructuras fundamentales de los principios axiomáticos que pretende imponerse por doquier en el pensamiento filosófico y la cientificidad, no deja de ser un reconocimiento de una herencia "de una tradición de debilitamiento de las estructuras fuertes del ser en cualquier campo de la experiencia" (Vattimo, 1995: 84). Expresado en términos de nuestra investigación, no existen paradigmas hegemónicos universales que, a la sazón de sus categorías, puedan ofrecer una explicación completa y minuciosa de la riqueza de lo real, así como de la totalidad de la experiencia de la subjetividad.

Sin embargo, aunque parezca que no es así, la disciplina científica no es capaz de escapar de la lógica de la hermenéutica. De una forma análoga a la planteada por Feyerabend, para Vattimo el conocimiento científico:

> *es interpretación en tanto que es articulación de lo comprendido, esta articulación puede ser asimismo guiada, como sucede en la ciencia moderna, por el criterio general de conformidad, y por modos específicos de verificarla; pero afirmar de estos modos específicos de la articulación –interpretación es un "acontecimiento" que concierne a la más originaria apertura del ser, y al darse– ocultarse que constituye su epocalidad.*

(Vattimo, 2002: 40-41)

De modo que generalizando el carácter hermenéutico a toda modalidad de conocimiento, nos situamos de nuevo al inicio de lo estipulado con la propuesta de Vattimo, al afirmar el carácter absolutamente histórico del conocimiento. La ciencia, en tanto que forma de obtener un determinado conocimiento de la realidad, no deja de ser una configuración epocal y, por ende, contextualizada históricamente. Expresado en otros términos:

> *la generalización del carácter hermenéutico a todo el conocimiento vuelve a proponer en nuevos términos la noción de historicidad del conocimiento: el conocimiento historiográfico y cualquier otra forma de conocimiento no son nunca "contemplación" de objetos, sino acción que modifica el contexto al cual pertenece y dentro del cual se inserta.*

(Vattimo, 2002: 42)

Ahora bien:

universalidad de la hermenéutica e historicidad del conocimiento significan para ellos, simplemente, que la historia crece sobre sí misma como un perpetuo proceso interpretativo; conocer es interpretar, pero interpretar es también producir una nueva historia.

(Vattimo, 2002: 42-43)

Es decir, la interpretación histórica no cesa de producir historia, con lo que se elimina de raíz la posibilidad de caer en un relativismo pasivo interpretativo, sino que el acto de producir interpretaciones es eso: una producción (histórica). De una forma análoga a la física cuántica, cada acto hermenéutico no deja de modificar el objeto de interpretación con su quehacer, y, por ese motivo, está generando nuevas realidades, experiencias novedosas. Si la física cuántica, con las condiciones experimentales, modificaba el objeto de investigación, con cada interpretación de la experiencia no se cesa de producir nuevas experiencias que invalidan cualquier ideal objetivista y adecuacionista en el estudio de las formas de experienciar del sujeto.

Y es en este punto en el que emerge la importancia del lenguaje, de la realidad conceptual, fragmentaria y dialógica, para Vattimo. De modo que:

el lenguaje no es, en sí mismo, ante todo un puro instrumento de comunicación, signo a descifrar remontándose exhaustivamente a un objeto extralingüístico, sino un acontecimiento.

(Vattimo, 2002: 52)

El lenguaje, de la misma forma que defenderán autores como Saussure, Merleau-Ponty, Derrida, Deleuze y Austin, no deja de ser un instrumento esquivo, dinámico, cuya funcionalidad se gesta a partir del equívoco, la fractura y la mera pragmaticidad. De una forma análoga a Merleau-Ponty, el lenguaje auténtico y esencial de la *palabra hablante* no deja de ser un acontecimiento y, como tal, se extirpa de raíz su funcionalidad exclusivamente denotativa para pasar a ser algo originario. Para Vattimo, este acontecimiento que es el lenguaje debe inscribirse "la infinitud de la interpretación, el perpetuo reproducirse de la dialéctica-dialógica de pregunta y respuesta como sustancia misma de la historia" (Vattimo, 2002: 54).

Si la infinitud de interpretaciones debe reproducirse a partir de una discursividad oblicua y en perpetua apertura para con la alteridad radical de su objeto de estudio, resultará evidente que una de las formas que tenemos para tematizar ese discurso, en tanto que acontecimiento, es la realidad de la *metáfora*. Así, pues:

> *la experiencia que el hombre hace del mundo es descrito en términos de producción de metáforas: las reacciones emotivas estimuladas por el encuentro con las cosas son asociadas con imágenes y objetos, se convierten en conceptos y nombres de ellos, pero sin que haya entre los unos y los otros ningún nexo objetivo. El mundo de la verdad se constituye cuando, con el surgimiento de la sociedad organizada, un determinado sistema metafórico es elegido como canónico e impuesto a la observación de todos.*

> (Vattimo, 1992: 40)

Si la ontología debe eliminar toda consideración y fundamentación última a estructuras inmutables y absolutas, así como regirse por su horizonte hermenéutico, deberemos dirigir nuestra interpretación no tanto al ser, sino a sus remanentes. Debe destacarse, sin embargo, siguiendo a Zabala, que los *remanentes* deben diferenciarse de los *restos del ser* (Zabala, 2010: 25). Tras la deconstrucción heideggeriano-derridiana no queda nada del ser en tanto que tal (entendido como presencia absoluta). Por ello debemos realizar, según Zabala, una *ontología de los restos*, presentando una *lógica de los remanentes*, que funcionará por medio de la *hermenéutica ontológica*, puesto que el ser ya no *es* sino que *acontece*. La hermenéutica se erige en una metodología capaz de hablar del ser a través de sus remanentes, los cuales acaecen en acontecimientos. De manera que:

> la ontología de los restos sigue la lógica de los remanentes, es decir, una lógica que reconoce que el ser, si bien tan solo cuenta como término agotado, es todo cuanto nos queda, y que debemos tratar de asir su última resonancia.

(Zabala, 2010: 35)

No obstante, debe destacarse que, en el planteamiento de Zabala, los restos jamás indican una realidad objetual, efectiva, presencial, sino, por el contrario, aquello que ha permanecido, o que se ha dado, después de que otros elementos o partes se hayan retirado, consumido y destruido (Zabala, 2010: 39). Por ello, la lógica de la ontología de los restos es anárquica e histórica, siendo la hermenéutico el modo apropiado de asumirlo, ya que:

> la hermenéutica en su fase generativa (o constructiva) jamás puede satisfacerse con respecto a aquello a lo que aspira. Mientras que siempre queda algo sin terminar en cada construcción, y, debido a que la hermenéutica aspira esencialmente a comprender lo que queda sin terminar, se convierte en la filosofía apropiada de los restos.

(Zabala, 2010: 116-117)

Fortaleza de la debilidad

Tal y como se ha podido observar, el discurso que postula una verdad hegemónica y universal se establece como la estructura dominante de una política capitalista que pretende imponer sus leyes y verdades, como si dogmas se tratase. Todas las cuestiones acerca de la *democracia emplazada*, del dominio del diálogo y del imperio de la verdad, concorde a la célebre tesis de Isaac Israelí, como adecuación entre la cosa y el pensamiento, se derriban a la sazón de la *hermenéutica ontológica* y la *ontología de los restos* que se acaban de tipificar. Sin embargo, lo relevante de ambas propuestas, por lo que concierne al objetivo de nuestro estudio, independiente o simultáneamente, según se prefiera, de destruir toda la carga de *metafísica de la presencia* que trufa el capitalismo, establece toda una propuesta que centra su mirada en el eje de la *debilidad*. De manera que:

> *las amenazas venideras no se limitan a Rusia, China e India, que, como explica Kagan, se han convertido en "partes responsables", sino que proceden de todos cuantos no formen parte del capitalismo neoliberal de la democracia emplazada. Es por ello que nosotros no creemos que las próximas guerras vayan a librarse fundamentalmente contra otros Estados, sino contra aquellas "partes inservibles" que, en gran medida, son los ciudadanos débiles, pobres y oprimidos [...]. Como sostenemos nosotros, los débiles no poseen una historia diferente, sino que existen en los márgenes de la historia; es decir, ellos representan el desecho del capitalismo y están presentes no solo en el Tercer Mundo, sino también en las ciudades miseria de las metrópolis occidentales.*

(Vattimo y Zabala, 2012: 75)

Expresado en otros términos, el verdadero peligro para la lógica capitalista se halla en los desechos que ella genera. Por ese motivo, para nuestros autores, se establece una guerra sin cuartel para eliminar y exorcizar los cuerpos y espectros de los débiles, de los desechados por la dinámica del sistema neoliberal. La razón es evidente: tal y como lo planteó Benjamin, ulteriormente recuperado por Marcuse, únicamente de todos aquellos que carecen de esperanzas, de ligazones con el entorno inmediato y su funcionamiento, procede la verdadera esperanza revolucionaria. Solo de aquel que no tiene nada que perder, puesto que nada le une al mundo que le ha expulsado, puede venir un verdadero halo revolucionario. Por ese motivo, como apuntábamos, las armas del capitalismo apuntan y disparan hacia esa dirección.

Sin embargo, junto a esta relevancia de los débiles, como verdadero motor infraestructural de cambio, también podemos observar la relevancia de una propuesta política comunista débil, hermenéutica, en el sentido de que:

> *la hermenéutica es similar al comunismo porque su verdad, el ser, y su necesidad son completamente históricas, es decir, no el producto de un descubrimiento teórico o una corrección lógica de errores anteriores, sino el resultado del final de la metafísica.*

(Vattimo y Zabala, 2012: 167)

Es decir, comunismo y hermenéutica van de la mano ya que el comunismo se sirve de la destrucción de la metafísica y, por consiguiente, de la ruptura del ser como presencia. En tanto que se nutre de este hecho, ya no podemos hablar de un ideal hegemónico al que la revolución debe aspirar a alcanzar. Tal y como destacó Benjamin, el comunismo es un proyecto mesiánico, utópico, inalcanzable, y únicamente cuando el acto revolucionario se considera concluido:

(o lo que es lo mismo, cuando el ser se identifica con el ente como un hecho presente) cuando se convierte en un poder despótico, hegemonía y violencia contra cualquier revelación hacia un futuro distinto.

(Vattimo y Zabala, 2012: 175)

Es decir, vemos irrumpir la lógica que antes planteaba Derrida acerca de la importancia del comunismo, así como de la democracia, en tanto que elementos performativos, mesiánicos, inabarcables, inconmensurables. Es imposible la plena adecuación de los hechos históricos (contingentes y veleidosos) con el ideal regulador. Siempre existirá una distancia, un *décalage,* que hará imposible la plena adecuación e identificación. El comunismo siempre está por venir o, lo que es lo mismo, el espectro del comunismo-marxismo es hermenéutico.

El comunismo como promesa mesiánica

Como se ha podido observar, el *Comunismo hermenéutico* se erige en el auténtico espectro del marxismo, si nos regimos por los parámetros que establece Derrida. En tanto en cuanto el comunismo, así como la democracia, constituye un horizonte inalcanzable, nos encontraremos en un contexto caracterizado primordialmente por una ausencia de adecuación, por una imposibilidad de encarnar los ideales. Dicha incapacidad de cualquier ideología por materializarse evocaría la célebre tesis de Arendt (Arendt, 1994) acerca de la violencia que se genera en la facticidad al intentar generar una transformación a la sazón de una ideo-logía (discurso de una idea) o la de Feyerabend (Feyerabend, 1980) sobre la importancia de la *contrainducción,* en la que, siguiendo las premisas de Lakatos, afirma que no existe ni una sola teoría que sea capaz de adecuarse y concordar completamente con la facticidad que pretende tipificar.

Dicho en otras palabras, siempre existe un *décalage,* un excedente o desajuste que imposibilita la relación armoniosa y absoluta de teoría y realidad[17].

El comunismo solo puede asediar en tanto en cuanto constituye una *promesa mesiánica* o, lo que es lo mismo, un ideal regulador no absoluto e inconmensurable, producto de la destrucción del *ser entendido como presencia.* Expresado en otros términos, el marxismo, si pretende tener un estatuto de validez en el imaginario colectivo, debe asumir su carácter *débil,* la imposibilidad de pensarlo en términos de estructuras ideales inmutables y sólidas. En este sentido, podrían recuperarse ciertas tesis de Benjamin, Mao y Lenin que apuntan a la necesidad de una *revolución permanente*, de una constante lucha política que abdique de cualquier anquilosamiento. Toda doctrina política comunista deberá constituirse en una reforma crítica continua, de sus planteamientos y propuestas, puesto que debe extirparse de raíz la concepción que aboga por la consecución definitiva de unos determinados ideales. Es este sentido de perpetua revolución, de constante (auto)crítica, lo que impide la violencia originaria para con la facticidad y los sujetos, así como posibilita la posibilidad de hacer *justicia.*

---

17 Respecto a esta temática acerca de la imposibilidad de adecuar la realidad con una determinada ideología, debido a la riqueza ontológica de lo real, podemos observar diferentes propuestas en la historia: algunos nombres célebres serían Kant, Schopenhauer, Hölderlin, Keats, Leopardi, Schiller, Nietzsche, Stirner, Bergson, Husserl, Heidegger, Adorno, Marcuse, Deleuze, Quine, Davidson, Popper…

Referencias

Arendt, H. (1994). *Essays in Understanding. 1930-1954*. USA: Harcourt Brace.

Dennett, Daniel. C. (2005). *Sweet Dreams. Philosophical Obstacles to a Science of Consciousness*. Cambridge: MIT Press.

Derrida, J. (2002). *Fuerza de ley. El fundamento mística de la autoridad*. Madrid: Tecnos.

Derrida, J. (2003). *Espectros de Marx*. Madrid: Trotta.

Feyerabend, P. K. (1980). *Against Method*. Great Britain: Verso.

Vattimo, G. (1992). *Más allá del sujeto*. Barcelona: Paidós.

Vattimo, G. (1995). *Más allá de la interpretación*. Barcelona: Paidós.

Vattimo, G. (2002). *Las aventuras de la diferencia*. Barcelona: Península.

Vattimo, G. y Zabala, S. (2012). *Comunismo hermenéutico. De Heidegger a Marx*. Barcelona: Herder.

Zabala, S. (2010). *Los remanentes del ser. Ontología hermenéutica después de la metafísica*. Barcelona: Bellaterra.